Moritz Carriere

Religiöse Reden und Betrachtungen

Moritz Carriere

Religiöse Reden und Betrachtungen

ISBN/EAN: 9783743346499

Hergestellt in Europa, USA, Kanada, Australien, Japan

Cover: Foto ©Lupo / pixelio.de

Manufactured and distributed by brebook publishing software (www.brebook.com)

Moritz Carriere

Religiöse Reden und Betrachtungen

Religiöse Reden und Betrachtungen.

Religiöse

Reden und Betrachtungen.

Von

Dr. Adolf Hausrath,

ord. öff. Professor der Theologie an der Universität Heidelberg.

Leipzig:

F. A. Brockhaus.

1873.

Vorrede.

Das vorliegende Buch ist erwachsen aus Predigten, die der Verfasser seit dem Jahre 1860, mit dem er in den praktischen Kirchendienst eintrat, in sehr verschiedenen Lebensstellungen gehalten hat. Soweit dieselben nach Inhalt oder Form den rechten Predigtton nicht gefunden hatten, wurden sie zu Betrachtungen umgearbeitet. Auch einiges Jugendliche ist stehen geblieben, weil es gut gemeint war und zur Ueberleitung von einer Frage auf die andere brauchbar erschien. Viel Neues wird der Leser in dem Buche nicht finden; der Verfasser wollte nur das Alte in der Weise der Neuen wieder sagen. Auch das hielt er nicht für die Aufgabe der Kanzel, von den großen Ideen der Zeit und Geschichte, von den Kämpfen des Jahrhunderts und ihren Errungenschaften zu reden. Nicht an die Menschheit, sondern an einzelne Herzen wollte er sich wenden, ob da oder dort einer mit ihm zusammenstimme? Nicht als ob der Verfasser sich besonderer Lebenserfahrung und Menschenkenntniß zu rühmen hätte, doch ist er der Meinung, daß, wer das eigene Herz kenne, alle kenne.

Im übrigen will ich gern, da ich es in dem Büchlein selbst vermied, hier Auskunft geben, wie ich heute, nachdem

ich einige Jahre im Kirchendienst und der Verwaltung, einige
im akademischen Lehramt zugebracht habe, zu den schweben-
den religiösen Fragen stehe.

Daß der gegenwärtige Zustand unsers religiösen Lebens
ein erfreulicher sei, wird von keiner Seite behauptet. Der
menschliche Geist ist fast ausschließlich mit praktischen Aufgaben beschäftigt. Große Ziele auf dem Gebiete der politischen, nationalen, ökonomischen Arbeit sind ihm gesteckt,
denen er mit heißem Eifer nachstrebt, während er den
religiösen Fragen nur insoweit ein leidenschaftliches Interesse
zuwendet, als sie der Erreichung jener Zwecke dienlich oder
hinderlich sind. Ein Nachlaß der Productivität auf andern
Gebieten ist die natürliche Folge dieser praktischen Richtung
der Geister, denn nicht einer Generation ist es beschieden,
alle Früchte des Geistes zu pflücken. Darum sind mit der
gleichen Unfruchtbarkeit wie die Kirche auch verwandte Lebens-
gebiete geschlagen. Auch die Philosophie, Poesie und die
frömmste der Künste, die Musik, sind in ähnlicher Weise
absorbirt von einer rein empirischen Richtung des geistigen
Lebens. Der Geist schöpft nichts mehr aus sich selbst, er
vertieft sich nicht mehr in sich selbst, die schöne Form, die
Principien seines Denkens, die Offenbarungen seines Empfindens sind ihm gleichgültig; Beobachtung, Erfahrung, Expe-
riment und ihre Hülfswissenschaften gelten allein noch für
geistige Thätigkeit, während die übrigen Organe brach liegen
und verkümmern. So kommt es, daß die politisch und
social so große Zeit religiös eine recht kleine ist. Aller
Staub, der über den kirchenpolitischen Händeln aufgeworfen
wird, und aller leidenschaftliche Kampf der kirchlichen Corpo-
rationen um ihren Besitzstand kann die Thatsache nicht verbergen, daß unsere religiösen Richtungen und kirchlichen

Parteien bettelarm sind an Talent und daß die religiöse Schöpferkraft vollständig versiegt ist.

Es liegt nun in der ganzen Verfassung des Protestantismus, daß ein solches Nachlassen der religiösen Productionskraft ihn viel tiefer berührt als den Katholicismus. Wie Luther jeden Einzelnen auf seinen Glauben gestellt hat, so auch durch die Art des Gottesdienstes jede Periode auf ihre eigene religiöse Tüchtigkeit. Während in der katholischen Kirche der Gottesdienst getragen ist durch eine Liturgie, an der Jahrtausende gearbeitet haben und deren stilvolle Formen aller Wahrscheinlichkeit nach theilweise sogar bis in die Zeiten des Heidenthums zurückgehen, ist die protestantische Gegenwart durchaus auf sich angewiesen. Der Katholicismus, der auf die Seinen wirken läßt, was seit Jahrtausenden als wirksam erprobt ward, ist weit unabhängiger von solchen geistigen Fluctuationen als der Protestantismus, in welchem an jedem Samstag in 10,000 Pfarrhäusern 10,000 Pfarrer 10,000 Predigten fertigen und memoriren, von deren Gehalt die Erbauung des folgenden Sonntags abhängt. Wer will dem geschlossenen Ernst einer romanischen Kirche oder der erhebenden Wirkung eines gothischen Doms sich entziehen, oder eine Messe Palestrina's Lügen strafen? Sie erfüllen an sich die Aufgabe des katholischen Cultus, von der der Stifter des Jesuitenordens sehr charakteristisch sagte, sie bestehe nicht darin, neue Vorstellungen mitzutheilen, sondern der Seele Gelegenheit zu geben, sich an ihrer eigenen Empfindung zu ersättigen. Soweit es darum dem mittelalterlichen Genius gelungen ist, reine Formen zu erzeugen, vermag der katholische Kirchenbau und die katholische Kirchenmusik in der That unsere Empfindung zu reinigen. Auch ist hier mehr Freiheit der Erbauung, indem dieser Cultus uns

weiten Spielraum läßt, die Symbolik seiner Formen mit
dem Gehalt unsers innern Lebens zu erfüllen. Würden
die zahlreichen heidnischen und hierarchischen Bestandtheile
ausgeschieden, so könnte derselbe auch den Gebildeten so gut
wie den gemeinen Mann befriedigen, weil er keinen hindert,
sein eigenes Herz in diese Symbole zu legen. Dem prote=
stantischen Cultusträger dagegen ist eine weit schwerere Auf=
gabe zugefallen. Er soll Sonntag für Sonntag die Gemüther
unter die Gewalt seiner Begeisterung, seiner Beredsamkeit,
und des Tiefsinns seiner Schrifterkenntniß stellen. Das
mag in großen Epochen möglich sein — aber wo einst
Luther, Calvin, Knox, die größten Geister ihres Jahrhunderts
standen, da stehen nun wir! Unsere Klage, daß die Ge=
meinden so wenig empfänglich seien, vermag die Thatsache
nicht zu verdecken, daß wir selbst so wenig religiöse Genia=
lität besitzen, denn der Genius zwingt allezeit die Geister
unter sein Gesetz und reißt alle mit sich, Wollende und
nicht Wollende. War es denn aber wohlgethan, den alltäg=
lichen Haushalt der Kirche auf so seltene Gaben zu stellen?
Ist es überhaupt richtig, daß diejenige Lebensstimmung, die
die Religion erzeugen will, sich am sichersten durch Wort
und Rede mittheile? Versetzen uns nicht Melodie und Bild
und Baukunst weit unmittelbarer in jene harmonische, das
Göttliche ahnende, nach dem Ewigen verlangende Stimmung
als das Wort? Sind nicht ganze Stände und ganze Lebens=
alter überhaupt unfähig, dem Gang auch der besten Rede
bis zu Ende zu folgen? „Wenn ich den Garten meiner
Kindheit durchwandere", hören wir einen Schriftsteller unserer
Tage klagen, „so finde ich keine einzige Blume, die die Kirche
in denselben gepflanzt hätte." Ein so tief religiöser Geist
wie Richard Rothe bekennt ganz offen, daß die Predigt den

wenigsten mehr etwas Neues sage, und Laboulaye weiß bei
allem Respect vor dem Protestantismus den protestantischen
Prediger nicht anders zu charakterisiren als mit den Worten:
„Un ministre protestant: voilà un monsieur habillé de noir,
qui dit des choses bien honnêtes." Gehen wir aber selbst
nach der so redegewandten und redefreudigen Neuen Welt,
so gibt uns Parker folgende Schilderung des protestantischen
Gottesdienstes: „Wie langweilig ist eine gewöhnliche Versammlung mit einer gewöhnlichen Predigt eines gewöhnlichen
Geistlichen! Er fühlt keinen Drang sie zu halten, die Zu-
hörerschaft ebenso wenig, ihn zu hören. Er thut also, als
wenn er predigte, sie thun, als wenn sie ihn anhörten.
Aber er predigt nicht, sie hören nicht. Er ist so leer wie
das Polster, auf das er schlägt, sie wie die Kissen, auf
denen sie sitzen. Eine Versammlung, die zu nichts und
wieder nichts, um niemand zu hören, in eine Kirche gegangen, ist mir ein schrecklicher Anblick."

So hat es sich nicht nur in Deutschland, über dessen
besondere Irreligiosität man ganz mit Unrecht klagt, sondern
überall als ein Irrthum erwiesen, die kirchliche Erbauung
fast ausschließlich auf das Wort zu stellen. Denn daß die
Religion der Kunst verwandter sei als der Logik, erfahren
wir sonntäglich, wenn die Predigt verstummt und dann im
Choral einer der Meister des sechszehnten oder siebzehnten
Jahrhunderts den Mund aufthut, um aus der Fülle seines
Herzens zu uns zu reden. So weisen alle Fingerzeige
darauf, das musikalische, ästhetische Element in unserm
Gottesdienst zu verstärken, und wenn die seitherigen Cultus-
experimente alle gescheitert sind, so war davon hauptsächlich
die Ursache, daß sie alle zugleich etwas anderes, die Zustim-
mung der Gemeinde zu einer ihr fremden dogmatischen

Ueberzeugung erzwingen wollten, nicht blos eine Verbesserung der Gottesdienstordnung, die in der That sehr nöthig wäre. Auch der Widerspruch der meisten Geistlichen gegen jede Aenderung beweist nichts, da über den Eindruck solcher Versammlungen nicht der Redende, sondern die Hörenden zuständige Richter sind.

Daß der evangelische Gottesdienst so wenig befriedigt, ist aber in einer Zeit doppelt zu beklagen, in der die Kirche immer mehr auf ihre cultischen Aufgaben beschränkt werden will, während sie doch so schon unproductiv genug ist und der Bevölkerung weniger als früher leistet. Unterricht, Armenpflege, Krankenpflege werden immer mehr staatliche Aufgaben, und soweit die kirchlichen Kreise auf das praktische Leben überhaupt noch Einfluß üben, ist es fast nur ein politischer, den die staatlichen Parteien gleichzeitig beklagen und ausnützen. Für den Staat hat diese praktische Richtung die üble Folge, daß durch Einmengung religiöser Gesichtspunkte alle Fragen schwieriger werden als sie sind, wenn die Theologen sie nicht geradezu, was auch vorkommt, böswillig vergiften. Wir selbst aber erfahren jetzt schon, wie sehr diese politisirende Theologie das innere Leben unserer Geistlichkeit geschädigt und verödet hat. Der altgläubige Theologe droht zum blinden Werkzeug der Reaction, der freie zum politischen Kanngießer herabzusinken, und nur allzu viele Geistliche beider Kirchen und Richtungen besorgen ganz andere Dinge als die Heranbildung und Pflege eines frommen und gottesfürchtigen Sinnes, die ihr Amt ihnen auferlegt.

Wer wollte leugnen, daß es vielfach die reinsten kirchlichen Absichten sind, die auch wackere Geistliche in diese Richtung treiben, und wer hätte nicht selbst oft die Versuchung i: sich verspürt, durch Verbindung mit politischen Männern die kirch=

liche Frage in rascheren Fluß zu bringen? Aber so nahe der
Irrthum liegt, dennoch ist es sicher, daß weder parlamen=
tarische Siege, noch das eine oder andere politische System
eine Frage entscheiden werden, die aus einer tiefen Um=
wandlung der Grundlagen unserer Cultur erwachsen ist.
Wäre eine Hebung des religiösen Lebens von einer Aende=
rung der äußern Organisationen und damit von dem guten
Willen der staatlichen Parteien abhängig, dann freilich würde
die Betheiligung an jenen Bestrebungen geradezu Pflicht
sein, möchte sie dem Einzelnen auch nach seiner Eigenthüm=
lichkeit noch so schwer werden. Leider aber sind die Dinge
nicht so außerordentlich einfach, wie die Theologie der Tages=
presse sie darzustellen liebt.

Denn fragen wir den Gründen unserer kirchlichen Lage
nach, so weisen dieselben auf den ganzen Gang unserer
Entwickelung seit bereits zwei Jahrhunderten zurück. Der
Aufschwung der exacten Wissenschaften, der die Umrisse
unserer Weltanschauung so total änderte, fiel gerade in eine
Epoche, in der der langjährige Religionskampf die denkenden
Geister gegen das religiöse Leben sehr kalt gestimmt hatte
und in der, gleichfalls durch langes Kriegselend hervor=
gerufen, eine Spaltung zwischen dem Leben des Volks und
dem der obern Kreise eingetreten war, wie sie die glückliche
Alte Welt niemals gekannt hatte. So kamen die Resultate
der neuen Wissenschaften zunächst nur den sogenannten
Gebildeten zugut, während man die Bevölkerung im
großen fortfahren ließ, in ihren alten Begriffen zu denken
und zu rechnen. Von Haus aus gegen die Religion ver=
stimmt, dazu durch die positiven Vorkenntnisse, die die
exacten Wissenschaften verlangten, ihrer Natur nach nicht
populär, hatte die neue Richtung nicht nur kein Bedürfniß,

diesen Zwiespalt des Volkslebens auszugleichen, sondern sie that ihr Möglichstes, sich im Gegensatz gegen alle Religion auszubauen und die Kluft zwischen der eigenen Anschauungswelt und der des gemeinen Mannes, namentlich in religiöser Beziehung, möglichst zu erweitern. Allzu sehr hatten sich die Kirchen des siebzehnten und achtzehnten Jahrhunderts an der Menschheit versündigt, als daß nicht die Träger der Bildung und Humanität in der Kirche das hauptsächliche Hinderniß der menschlichen Entwickelung hätten sehen müssen. Das écrasez l'infâme! war die bewußte und unbewußte Losung der Aufgeklärten des achtzehnten Jahrhunderts.

So ist der geistige Dualismus erwachsen, der die städtische und ländliche Bildung unserer Nation trennt, dem Staate wenig zuträglich, der Kirche aber geradezu verderblich ist. Indessen das Christenthum hat auch andere große Krisen erlebt und doch seinen originalen Charakter festgehalten. Ursprünglich in den Rahmen der jüdischen Messiashoffnung hineingestellt, wußte es die Enttäuschung der ausbleibenden Wiederkunft Christi zu überwinden und sich für den hellenischen Geist und das römische Reich einzurichten. Zur Religion des römischen Kosmopolitismus umgeformt, germanisirte es sich im Mittelalter und hielt so bereits in der vierten Nationalität seinen originalen Genius fest. Auch mit dem neuen Culturprincip der wiederauferstehenden classischen Welt vermochte es sich im sechszehnten Jahrhundert zu vertragen, indem es sich der Richtung „zu den Quellen" anschloß und das Alterthum auch seinerseits zum Maßstab nahm. Gefährlicher aber war keine andere Wendung der Culturentwickelung als die mit dem achtzehnten Jahrhundert auftretende, in der eine dem Christenthum durchaus selbständig gegenüberstehende Naturwissenschaft der Menschheit einen ganz andern Himmel und eine ganz andere Erde enthüllte, als sie das gesammte kirchliche Alterthum vorausgesetzt hatte. Die humanistischen Reformer des sechszehnten Jahrhunderts hatten die antike Weltanschauung nicht bestritten, sondern bestätigt, die Naturwissenschaft dagegen legte äußerlich genommen alle Voraussetzungen der christlichen Weltanschauung danieder. So ist der lebenden Generation die schwierige Aufgabe geworden, sich den religiösen Genius des Christenthums zu erhalten und doch die Begriffe, in der dieser Genius sich ausgesprochen, in die jetzt gangbar gewordenen umzusetzen. Daß die vorhandenen kirchlichen Richtungen diese Aufgabe zu lösen im Begriffe seien, wird sich freilich kaum behaupten lassen. Wir sehen, wie der scharfe Wind der neuen Weltanschauung immer ungestümer an dem alten Wesen rüttelt. Die am Hergebrachten hängende Richtung will gegen diesen Sturm ankämpfen, der ihr doch unbarmherzig, nicht nur die Pfeiler und Zierathen von ihrer Kirche, sondern von der eigenen Person Baret und Talar wegzufegen droht. Eine vermittelnde sucht bald hier, bald dort ein windstilles Plätzchen und hofft vergeblich, mit papierenen Wänden sich gegen die scharfe Zugluft sicherzustellen. Eine liberale theologische Partei bläst mit vollen Backen in der herrschenden Windrichtung mit und ist ernstlich der Ansicht, daß eigentlich sie es sei, die den ganzen Orkan erregt habe. Aber weder die Gegner noch die Apostel der modernen Weltanschauung zeigen jene Kraft des religiösen Genius, der die Herzen dem Christenthum erhielte, auch nachdem die Köpfe sich an andere Begriffe gewöhnt haben. Denn darauf wird man alle Heilkünstler unsers kirchlichen Lebens zu verweisen haben, daß nur die innigste Versenkung in das religiöse Leben selbst der Kirche wird helfen können.

Weder juristische Garantien der alten Lehre, noch organisa-
torische Aenderungen zum Besten der Gebildeten in der
Kirche, noch ein eifriger Krieg gegen veraltete Vorstellungen
und Einrichtungen werden den eigentlichen Sitz des Uebels
treffen, denn es fehlt dieser Kirche nicht sowol an einem
Bekenntniß oder einer Verfassung, als an wirklichem religiösen Leben.

Nicht die kirchenpolitischen Programme, sondern die
religiösen Leistungen werden das Entscheidende sein. Allein
eben hier ist der traurige Sitz unsers Unvermögens.

Im Mark verletzt durch die zwiespältige Weltanschauung,
ruht der Fluch der Unfruchtbarkeit ebenso sehr auf der
Orthodoxie wie auf dem Rationalismus. Jene vermag es
zu keiner rechten Wissenschaft, dieser vermag es zu keiner
rechten Kirche zu bringen, und beide stehen hülflos dem
Leben gegenüber, weil keiner von beiden Theilen ehrlich an
sich selbst zu glauben vermag. Wollten doch unsere Ortho-
doxen sich darauf legen, die ganze Tiefe der Schriftgedanken
in diesem Geschlechte wieder lebendig zu machen, statt in
unfruchtbarer Rabulisterei nachzuweisen, daß diese Schrift
ein organisches, sich nie widersprechendes, unfehlbares Ganze
sei! Allein wir sehen wol, daß sie der Schrift höhere
Prädicate beilegen, und ihre Theorie von der Schrift mit
der Hartnäckigkeit berufsmäßiger Advocaten verfechten, aber
daß sie sie religiös tiefer erfaßten und wirksamer geltend
machten, sehen wir nirgends. Der Sieg wäre sonst schon
lange für sie entschieden. Statt dessen hat diese Orthodoxie
sich in dem Bestreben, etwas handgreiflich Falsches zu beweisen, ihren Wahrheitssinn tief corrumpirt, indem sie rabu-
listisch die Standpunkte wechselt, je nachdem der eine oder
der andere ihrem Interesse besser zu dienen scheint, und

indem sie alles rechtfertigt, was nun einmal geschrieben steht, wie sie das Gegentheil mit eben solcher Zuversicht rechtfertigen würde, falls das Gegentheil geschrieben stände. Nicht gefördert hat man auf diese Weise den Respect vor der Schrift, sondern ihn tief geschädigt, vor allem aber die Theologie dieser Tage in gründlichen Miscredit gebracht, sodaß die magistri nostri dieser Zeit bald im selben Geruch stehen wie die des sechzehnten Jahrhunderts. Denn daß diese metaphysischen Träume über die immanenten Verhältnisse der Gottheit, daß diese exegetische Kunst, poetische Sagen zur trivialen Geschichte zu stempeln, einen Schriftsteller in den andern zu interpretiren, Bücher des ersten Jahrhunderts auf unsere statt auf ihre Gegenwart zu deuten, daß eine solche Methode ein phantastisches Spiel und keine Wissenschaft ist, ist nachgerade jedem Schüler einleuchtend. Man muß bereits auf Philo und die Stoiker zurückgehen, um die Blütezeit einer Methode zu entdecken, die um fast zwei Jahrtausende hinter der Zeit zurück ist; ja man darf wol sagen, daß die sogenannte gläubige Deutung der Propheten und der Apokalypse sich zur wissenschaftlichen Auslegung dieser Bücher verhält wie die Kunst des Haruspex zu der des modernen Anatomen. Leider befindet sich zur Zeit die angebliche Vermittelungstheologie ganz auf denselben Fährten. Ihre Theologen wollen dasselbe, nur appelliren sie mehr an die Rührung der Menschen, wo die Orthodoxie trotzig pochte. Allein solche Weichherzigkeit hat ihre Grenze, und in den jüngsten Tagen sind gerade unsere Vermittelungstheologen am eifrigsten gewesen, dem Geist dieses Jahrhunderts gegenüber sich auf die Bekenntnisse des siebzehnten zu berufen. Ein sicherer Beweis, wie man sich zur Ueberwindung dieses Geistes von innen heraus nicht mehr bei Kräften fühlt.

Keine andere Maßregel aber hat mehr erbittert und dem
Haß gegen das kirchliche Alterthum größeren Vorschub gethan.
Wir nehmen es mit den Abweichungen vom Geiste unserer
Bekenntnisse, d. h. vom Geist der apostolischen und Refor=
mationszeit, wahrlich nicht leicht. Den correcten Ausdruck
religiösen Empfindens suchen wir nicht bei einem religiös
indifferenten Geschlechte, sondern da, wo der religiöse Geist
mächtig, schöpferisch oder reformirend in der Geschichte auf=
trat. Wen die Empfindungsweise des Evangeliums oder
der Geist Luther's kalt läßt, der wird sowenig Ursache
haben, sich dessen zu rühmen, als wer bei den Meisterwerken
der Antike, bei den Gebilden Rafael's oder den Tönen
Mozart's kalt bliebe. Es würde vielmehr nur einen Mangel
unserer geistigen Organisation bedeuten, wenn wir unsere
religiöse Empfindungsweise und unsere sittlichen Grund=
anschauungen im Widerspruche fänden mit den classischen
Denkmalen unserer Kirche. Aber ein anderes sind der reli=
giöse Geist und die sittlichen Grundanschauungen, ein anderes
die Einkleidung in Vorstellungen und Lehrsätze. Will man
durchaus Antipathie gegen Bibel, Symbole und Bekenntnisse
großziehen, so muß man sie nur als juristische Gesetze der
kirchlichen Vorstellungs= und Lehrweise behandeln, man wird
dann die classischen Denkmale der Religion den Leuten noch
viel schlimmer entleiden als der ästhetische Classicismus der
Werthschätzung der Antike Abbruch gethan hat.

Dem Druck dieser für einen denkenden Menschen uner=
füllbaren Forderungen gegenüber hat die kirchlich freisinnige
Richtung ihren Rückhalt in den Gemeinden gesucht, denen
in ihren gebildeten Theilen die Forderung einer bekenntniß=
mäßigen Lehrweise durchaus unverständlich ist. So lag es
ihr nahe, die Entscheidung der kirchlichen Dinge den Gemein=

den selbst in den Schos zu legen, und es ist sicher, daß aus unserm Theologenzank und unsern Bekenntnißwirren ein anderer Ausweg gar nicht zu finden ist. Allein es sollte von vornherein nicht übersehen werden, daß man wichtige Interessen doch nur denen anvertrauen darf, die sich that= sächlich als Interessenten ausweisen, sonst werden auch in einer Gemeindekirche die grellsten Mißstände nicht ausbleiben. Auch verspreche man nicht zu viel und meine nicht, die auf viel tiefer liegenden Gründen ruhende Abwendung von den religiösen Fragen dadurch heben zu können, daß man den Gemeinden größere Rechte gibt. Ein Gegenmittel gegen die Theologenherrschaft ist die Gemeindekirche gewiß — daß aber das religiöse Leben an solchen Aeußerlichkeiten hänge, möge niemand wähnen. Was hat denn der ganze Ver= fassungslärm des funfzehnten Jahrhunderts, was die Wieder= herstellung des Synodalapparats durch die konstanzer Be= schlüsse der Kirche genützt? Selbst wenn auf dem Wege der Gemeindekirche die Herrschaft einer vernünftigen und wissenschaftlischen Theologie durchgesetzt würde, dem religiösen Leben wäre damit noch immer nicht geholfen. Religion ist Abhängigkeitsgefühl, nicht vernünftige Ansichten über die Bibel. Eine Religion, die aus vernünftigen Ansichten be= stände, wäre eine Musik von richtigen Paragraphen über den Contrapunkt. Insofern die moderne freisinnige Predigt darum in erster Reihe darauf abhebt, die Gebildeten zu interessiren, scheint sie uns auf falscher Fährte zu sein. Mag die Schule ihre Arbeit thun und die Resultate der= selben nach Kräften popularisiren und auf das allgemeinste Interesse an den Phänomenen des religiösen Lebens hin= wirken, das ist ihr Amt, die Kanzel aber ist nicht dafür da. Die bekümmerten Herzen, die ermüdeten Seelen wollen

Hausrath.   b

keine Theorie über die Religion und keine Geschichte noch
Kritik der Religion, sondern sie wollen religiösen Trost und
innere Hülfe.

Für die Versöhnung der Bildung mit dem Christenthum
sehe ich darum noch immer keinen andern Weg als die
Heranbildung wissenschaftlich geschulter und religiös begei=
sterter Theologen, während ich mir von der Erweckung eines
neugierigen Interesses bei einem mehr liberalen als religiösen
Publikum gar nichts verspreche. Den, der nicht religiöses
Interesse genug besitzt, um sich in der Kirche zu erbauen,
und nicht intellectuelles Interesse genug, um aus Büchern
zu lernen, den lasse man lieber, wo er ist, und am wenigsten
verderbe man den religiösen Herzen ihren Gottesdienst, indem
man Materien einmengt, die nur auf die Gebildeten und
Freisinnigen berechnet sind, mit dem Heile der einzelnen Seele
aber lediglich nichts zu thun haben. Für Fortschritt und
Freiheit ist ja sonstwo gesorgt, warte also jeder seines
Amtes! Man hat es je und je versucht, die Kirche zur
Aufklärungsanstalt umzuformen, oder sie liberalen politischen
Tendenzen dienstbar zu machen, allein die Gnostiker und
Ikonoklasten, die Arnold von Brescia und Cola Rienzi,
die Karlstadt und Münzer sind alle in gleicher Weise an
dem innern Widerspruch zu Grunde gegangen, daß sie die
religiöse Bewegung ausnützen wollten für Zwecke, die dem
religiösen Leben durchaus fremd sind. Aufklärung, Freiheit,
Bildung sind der Menschheit sicher zu wünschen. Allein die
Kirche ist wie jedes Ding der Welt zu etwas Bestimmtem
da und nicht zu allen möglichen wünschbaren Zwecken. Sie
ist nicht ein Institut der Aufklärung oder Bildung, sondern
eine Gemeinschaft des Glaubens und der Erbauung; sie läßt
sich darum auch nur durch ein innigeres religiöses Leben

verbessern, nicht durch Erweiterung ihrer Aufgaben oder
ihrer Verfassungsgemeinde. Den Sinn für Musik und Poesie
wird nur der beleben, der schön componirt und ergreifend
dichtet, und ist das einer Zeit versagt, so bleibt ihr nichts
übrig, als die alten Meisterwerke nach ihren Kräften zu
reproduciren, vom Zeitbewußtsein Ueberwundenes mit Ein-
sicht und Pietät zu beseitigen, und dieselben so der Gegenwart näher zu rücken. Organisationen, Vereine, Wanderver-
sammlungen, Reclamen dagegen werden an der philosophi-
schen, poetischen, künstlerischen Erschöpfung unserer Zeit nichts
bessern — und an der religiösen auch nichts.

Aber, wie soll, wird man fragen, dem Aergerniß des
beschränkten Pastorenregiments, das auf der Kirche lastet,
abgeholfen werden, wenn nicht durch Agitationen bei Reichs-
tagen und Kreistagen, bei Bürger- und Bauernstand?

Meine Meinung ist, daß, solange nicht die wirklich
kirchlich betheiligte Gemeinde sich in jedem einzelnen Fall
ihrer Pflichten erinnert, allgemeine Resolutionen nichts helfen
werden, ganz davon zu geschweigen, daß die billigern und
einsichtigern Geistlichen längst den Forderungen einer liberalen Praxis beigetreten sein dürften, wenn man ihnen nicht
zumuthetete, im Bunde mit gesammt Philistäa das Heiligthum zu erobern. Der Umschwung zu unsern Gunsten wird
sich aber überhaupt nur dann vollziehen, wenn wir kirchlich
mehr leisten als unsere Gegner, und sind auch jene zum
Theil durch politische Constellationen obenauf gekommen, so
wollen doch wir nicht den gleichen Weg betreten. Trachten wir
dahin, den Pflichten des Amtes besser als andere zu genügen,
zu beweisen, daß auch in dieser Kirche des neunzehnten
Jahrhunderts noch etwas von dem Geiste des alten arbeit-
samen Protestantismus übrig ist, und suchen wir nach Kräften

b*

das, was sich durch die Jahrhunderte erprobt hat, auf die heranwachsende Generation fortzuleiten.

Wer wollte auch daran zweifeln, daß schließlich die Zeit der Kirche wieder kommen wird? Noch hat das Christenthum seine Arbeit an den Gemüthern nicht vollbracht, daß man sagen könnte, es gehört der Geschichte an und hat seinen Lauf vollendet. Noch gibt es keine höhern Ideale des Lebens als die, die Jesus von Nazareth verkündete, und noch gibt es keine reinern Formen der Anschauung unsers Zusammenhangs mit dem Göttlichen als die des Evangeliums. Solange das Menschenherz das Menschenherz bleibt, wird ihm der Faden mit Gott nie ganz verloren gehen und damit auch der Kirche ein Feld ihrer Thätigkeit sicher sein. So lange um Wiege und Bahre die Frage geht, woher und wohin, so lange Freude und Schmerz, so lange Bündniß fürs Leben und Abschied vom Leben nach oben weisen, so lange ein Herz von der Hitze des Lebens sich zu stärken begehrt in der kühlenden Tiefe des einen göttlichen Grundes, so lange hat auch die Kirche hinieden ihr Amt, und wenn sie es recht verwaltet, wird es ihr niemand verachten.

Heidelberg, im September 1872.

Hausrath.

Inhalt.

III. Paraklet.

I.

Gott.

1.

Daß die Religion zur Vollständigkeit unserer Weltanschauung gehöre.

Joh. 3, 1—12.

Viel haben die Menschen schon nachgedacht über das Wesen Gottes, und das Fest der Dreieinigkeit ist gleichsam der Ge-dächtnißtag der darauf bezüglichen Lehrfestsetzungen, die fast ein halbes Jahrtausend den menschlichen Geist in Anspruch nah-men. — Wie die Alten sich losrangen vom Wahne der Viel-götterei, wie in der Söhne Bewußtsein die Würde Jesu sich spiegelte, wie die Enkel dachten über den Ursprung des Gei-stes, der die Menschheit wiedergeboren hat, das alles spricht in einem Worte die Lehre von der Dreieinigkeit aus, und wir werden nicht leichten Fußes hinwegschreiten über eine Lösung, die einem tiefsinnigen und frommen Geschlecht genügte, einer Zeit genügte, in der alle besten Geister über die Geheimnisse der Gottheit nachsannen, selbst dann nicht, wenn uns diese Lösung dunkel erscheinen sollte. Denn unser Geschlecht und unser Verständniß ist nicht das einzige Maß der Dinge, und es ist vieles für eine Generation eine befriedigende Antwort, was einer andern wie ein neues Räthsel klingt. Die Gewißheit des Göttlichen, das Fühlen und Verstehen des Heiligen kommt und geht, Fragen werden zu Antworten, Antworten zu Fragen, und

1*

schließlich gilt von dem ebbenden und flutenden religiösen Leben selbst, was unser Text besagt: „Du weißt nicht, von wannen es kommt und wohin es fährt!" Jetzt fühlen die Völker sich unmittelbar umfangen von den himmlischen Mächten. Sie suchen sie nicht in weiter unendlicher Ferne: im Waldesdunkel und auf Bergeshöhe, in der Quelle und im See, im Windeswehen und Vögelflug und der Blätter Rauschen spricht die Gottheit sie an und gibt ihnen Antwort. Im Diesseits greifen sie das Jenseits, Wunder geschehen auf Wunder, und im Mysterium haben sie die Gottheit greifbar für Hand und Mund und beugen sich vor ihrer heiligen Nähe. Und dann wieder, welche Entfremdung! Gottverlassen dünkt sie die Welt, eng und leer die Heimat. Im fernen Osten suchen sie das Heilige, oder nach Westen, dünkt sie, steuere die Geschichte. Ja auch hier heißt es: „Der Wind bläst, wo er will!" Du ziehest deinen Odem an dich und wir verschmachten! Es ist dann wie ein Aufschauern des Geistes, der gewahr wird, er sei allein in der Oede und die Hand, die Israel leitete, habe ihn losgelassen.

Wozu aber wollen wir von der Menschheit im ganzen reden, da unser Text von einem einzelnen Menschen spricht? Verhält es sich doch mit unserm eigenen Leben ganz auf die gleiche Weise. Es gibt Zeiten, in denen der Sinn und die Bedeutung des Lebens uns so selbstverständlich erscheint, in denen die Wege Gottes so hell und deutlich vor uns liegen, daß wir nicht zweifeln, uns und ihn und seine Absichten mit uns zu verstehen. Es gibt andere Zeiten, in denen uns dieses ganze Leben so schal und nichtig, diese Welt so widerspruchsvoll und zwecklos erscheint, daß wir allem, was sich zuträgt oder gethan wird, was wir mit Leichtigkeit üben oder im Schweiße des Angesichts leisten, nur die Frage entgegenstellen: Wozu dies alles? Kein Erfolg und kein Mißlingen bringt diese Frage zum Schweigen. Sie kommt dem Knecht, der sich sehnt nach dem Schatten, und dem Tagelöhner, der wünscht, daß seine Arbeit aus sei — aber ihnen nicht allein, ihnen nicht am häufigsten. Nikodemus war ein Mensch unter den Pharisäern, ein Oberster unter den Juden, geehrt in der Stadt und im Rath, aber in der Nacht, wenn die schmeichelnden Reden der Untergebenen, wenn der Lärm des Tages mit seiner Zerstreuung verstummt ist, treibt's ihn hinaus, ob ihm einer Antwort gäbe auf die Frage, was denn diese Welt nun wolle? Und welche Antwort erhält in unserm Texte der nächtliche Frager? Keine, die sich auf die Räthsel des Daseins, keine, die sich auf das Geheimniß der Schöpfung, keine, die sich auf das Wesen Gottes, sondern eine, die sich auf ihn bezieht. Werde du anders, dann wirst du den Sinn des Lebens verstehen. Bete um deine Wiedergeburt, dann wirst du das Reich Gottes schauen. Kein Meister in Israel, kein Meister von Gott gesandt, kann dir Licht geben, solange du blind, Antwort, solange du taub bist. Es gibt keine Lösung der Räthsel für den unwiedergeborenen Menschen. Der wiedergeborene Mensch aber ist nach der Schrift der Gläubige oder wie die Schrift ihn näher beschreibt: der, dessen Glaube in der Liebe thätig ist. Die Antwort Jesu auf die Frage des Nikodemus war also die:

Nur Glaube und Liebe lösen die Räthsel unsers irdischen Daseins.

I.

Geheimnißvoll und unbegreiflich ziehen alle Erscheinungen der Welt an uns vorüber. Von allen können wir mit unserm Texte sagen: Der Wind weht, wo er will, und du hörest sein Brausen wol, aber du weißt nicht, von wannen er kommt und wohin er fährt. Selbst die Fragen, die die sinnliche Schöpfung

uns vorlegt, sind in ihrem letzten Grunde nur durch den Glauben zu beantworten. Wol rühmen sich auch die Männer der
Wissenschaft, die Geheimnisse des Weltalls erforscht zu haben,
und wir verkünden mit Stolz, was unsere Meister gefunden.
In schwindelnde Fernen ist ihr Blick hinausgedrungen, hat die
Bahnen der Sterne berechnet und den Weg gezeichnet, den zwischen diesen unser Stern beschreibt. Sie haben die Sterne
selbst befragt nach ihrem Stoff, haben die leuchtenden uns gezeigt und die erleuchteten, die glühenden und die erloschenen,
haben uns hinter dem Weltall, das unser Auge umspannt, neue
Welten verrathen; aber in je weitere Fernen unser Auge hin-
ausstrebte, um so unsicherer schien uns der Boden unter den
eigenen Füßen. Wie verloren stehen wir da auf der kleinen
Klippe im Weltraum, und schauen hinaus in das Meer des
All und blicken hinein in die Bewegung der kreisenden Sterne,
die nur stäubende Funken sind, erloschene Schlacken oder er-
löschende, die dereinst ihren letzten Strahl versenden werden
in die ewige Nacht. — Vieles, Erstaunliches können dir so die
Meister der Wissenschaft erzählen, aber auf die letzte, die quälende Frage, was das Ganze soll, wozu dieses kreisende Funken-
meer, wozu die Milchstraßen von Sternen, wenn auf einem
Stern schon so viel Widersprüche, so viel Schmerz, so viel
Zwiespalt zusammengetragen ist, darauf gibt dir kein Meister
in Israel Antwort.

Oder wolltest du dich auf diese Erde beschränken mit deinen zweifelnden Fragen? Aufschlüsse genug haben die Weisen
auch hier dir zu bieten. Sie steigen mit dir hinab in das Innere des Erdballs und zeigen dir die gärenden und glühenden
und brausenden Massen. Sie stellen dich vor die Felswand
und erzählen dir von vergangenen Schöpfungen und ihren Ge-
schöpfen, und nach diesen versunkenen Generationen zeigen sie

dir auch heute noch einen Reichthum des Lebens, von dem du
keine Ahnung hattest, vom Leben, das begraben ist im Ocean,
bis zum Tropfen, der eine Welt voll Erschaffenem in sich
schließt. Aber je genauer du das Einzelne betrachtest, um
so räthselhafter wird dir das Ganze. Wozu die Generationen,
wenn sie untergehen? Wozu die Creatur, die in ewigem
Kampfe sich selbst verschlingt? Wozu die Knospen, wenn sie
nicht Blüten werden? Wozu die tausend Organismen, die im
Keime vergiftet sind? Wozu ein Blühen, wenn alles welk
wird, ein Leben, in dem sich doch nur der Tod verbirgt?

Auf alle diese Fragen kann dir nur die fromme Stimme
des eigenen Herzens Antwort geben und nicht der Scharf-
sinn der Wissenschaft. Nicht umsonst sagt der Herr in unserm
Texte: „Es sei denn, daß jemand von neuem geboren werde,
kann er das Reich Gottes nicht sehen." Es gehört von unserer Seite eine Voraussetzung dazu, die nur das erleuchtete,
gläubige, fromme Gemüth mitbringt und ohne welche die Ordnungen der Welt, die wahrhaft göttlichen Gesetze, ohne die das
Reich Gottes mit einem Wort nicht geschaut werden kann.
Diese Voraussetzung ist der Glaube an Gott. Nur wer
mit dem Glauben an den allwaltenden Gott, wer mit der Liebe
zum himmlischen Vater, wer mit dem Auge Jesu hineinschaut
in diese räthselvolle Welt, der sieht, wie hinter dem irdischen
Sein sich ewiges Leben, wie in dem Vergänglichen ein Unvergängliches sich gestaltet. Nur wo dieser Glaube die Segel
schwellt, folgen wir dem Strome des Lebens bis dahin,

wo am Strande seiner Wogen ich lande,

bis zu dem einen Borne göttlichen Schaffens, aus dem uns
Ruhe und Frieden entgegenweht und aller Widerspruch aufgehoben ist in höherer Einheit. Dort wird uns das Auge auf-
gethan, daß wir sehen, wie kein Wesen im Reiche der Erschei-

nung auftritt, außer die Stätte ist ihm schon lange und sorg-
lich vorbereitet, wie kein Geschaffenes fortgetragen wird in den
Fluten des Leben, außer es erfüllt darin auch irgendwie seine
eigene Bestimmung und dient, wenn auch unbewußt, höhern
Zwecken. So schauen wir in dem Ganzen eine göttliche Harmonie, der jedes Einzelne sich dienend hingibt, und ahnen die
Grenzen, wo ein Geschöpf nicht mehr um seinetwillen, sondern
um eines Höhern willen Dasein und Leben hat. So versöhnt
sich dem frommen Herzen der scheinbare Zwiespalt und Widerspruch, an dem der Zweifel kleben bleibt. Ihm tönen die
kreisenden Gestirne himmlische Harmonien ins Herz und jeder
Halm der Wiese und jeder Wurm im Staube offenbart ihm,
was kein Auge gesehen, was kein Ohr gehört hat, die Offenbarung einer hohen, himmlischen, sich ganz hingebenden, alles
umfassenden, alles beseligenden göttlichen Liebe.

II.

Wollte nun aber einer gegen diese fromme Auffassung
der Welt einwenden, daß sie nur die Täuschung eines gläubigen, liebenden Gemüthes sei, eine unbewiesene Voraussetzung,
mit der gute Herzen sich trösten, von der aber im Buche der
Natur selbst nichts geschrieben stehe, so hätten wir dem zunächst nur einzuwenden, daß uns diese Voraussetzung wenigstens den Frieden bietet, den die Welt nicht kennt, daß sie wenigstens eine Antwort gibt, wo die Meister in Israel verstummen. Allein es gibt ein anderes Gebiet, auf dem das Reich
Gottes ja im engern Sinne verwirklicht werden soll, und dort
dürfte es schwerer sein zu behaupten, daß auch ohne Frömmigkeit, ohne Glauben und Liebe die Räthsel des Daseins sich lösen
ließen. Es ist dieses Gebiet das menschliche Leben.

Wollten wir an die Beurtheilung des Lebens draußen herangehen, ohne die fromme Voraussetzung unsers Glaubens, daß es einem höhern Ziele zustrebe, ohne die liebevolle Unterstellung des Christenthums, daß himmlische Kräfte in demselben thätig seien, als was würde da das Leben selbst uns erscheinen? Als ein Kampf des Eigennutzes und der Selbstsucht, als ein nichtig elendes Spiel sich entzweiender Kräfte und Leidenschaften, bei dem die List oder Gewalt endlich als Sieger hervorgehen, nur um wieder einer größern List und stärkern Gewalt zu erliegen. O ihr klugen Meister in Israel, das wäre fürwahr eine Weltordnung einer höhern Weisheit würdig! Seht ihr nicht mit den Augen des Glaubens das werdende Gottesreich als das endliche Ziel dieses Laufens und Jagens, dieses Arbeitens und Kämpfens, dann ist das Leben nicht des Aufhebens werth, dann iß und trink, denn morgen bist du todt! An solcher Weltanschauung müßte zum Schrecken klar werden, wie arm die Weisheit der Weisesten und die List der Listigsten ist. Wie aber diese Betrachtung des Lebens im ganzen eine handgreiflich verkehrte wäre, so würde sie auch den Einzelnen im Verkehr mit den andern auf Schritt und Tritt irreleiten. Denn wer könnte den Sinn des Menschenlebens und Menschenschicksals auch nur von fern verstehen, als ein Herz, das an die Menschen glaubt und das die Menschen liebt, das gelernt hat, sich hineinzuversenken in das fremde Leben und Empfinden, das auch das Andersartige und Widerstrebende nachzuempfinden vermag? In diesem Verkehr mit den andern gibt es gar kein Wissen außer einzig durch Liebe und in der Liebe. Denn was im Innersten und Eigensten ein anderes Herz meint und will, das kann nur Liebe empfinden, verstehen und wissen. Ja es ist gar kein Verhalten und Thun denkbar, das von einem kalten und berechneten Sinn nicht als aus Selbstsucht entsprun-

gen, erklärt, ausgelegt und angesehen werden könnte. Darum
eben ist die argwöhnische Weisheit dieser Welt ein so verderb=
licher Irrthum, weil sie stets als listigen Plan, als kluge Be=
rechnung auffaßt, was doch nur die kindliche Nothwendigkeit
eines liebenden Herzens war; darum ist sie, bei allem ihrem
Hochmuth nur enge Thorheit, weil sie sich mit ihrem Argwohn
das Leichteste schwer macht, das Einfachste verwirrt, und schmach=
voll scheitert, wo Liebe und Glaube hindurchsteuern mit sicherm
Paß. Denn der Glaube, daß Gott seinen Engeln befohlen
hat über dir, auf daß sie dich behüten, daß du deinen Fuß
nicht an einen Stein stößest, leitet sicherer durchs Leben als
aller Argwohn und alle Vorsicht, und die Liebe, die handelt
ohne zu berechnen, was sie gewinnt oder verliert, sie wird ge=
rade, weil sie nichts für sich sucht, das Höchste erreichen. Das
ist der Grund, warum die Liebe Gottes höher ist als alle Ver=
nunft, warum die Kinder Gottes sehen, wo die Weisen blind
sind, warum den Einfältigen offenbar ist, was den Weisen und
Verständigen ewig verborgen bleibt! Das ist der Verstand der
Kinder Gottes, der die Klugen überwindet und von dem die
Kinder der Welt nichts wissen und verstehen; das ist das Ge=
heimniß der Liebe, in dem alle Weisheit beschlossen ist!

Darum war, von allem andern abgesehen, das Christen=
thum das rechte Licht, das hineinfiel in das Dunkel des Erden=
lebens und erleuchtete die, die zuvor saßen in Trübsal und
Finsterniß! Nicht daß die Jünger Jesu die Weisheit der Mei=
ster in Israel überstrahlt hätten mit einer glänzendern Weis=
heit, nicht daß sie klüglich erwogen hätten, was ihre Sache
voranbrächte, was ihnen selbst frommte und hülfe! Ach nein,
Geliebte, sie hatten nur von Jesu gelernt, ihre Feinde zu lieben,
wohlzuthun denen, die sie haßten, zu bitten für die, die sie
verfolgten. Sie wußten nicht ganz besondere Mittel der Ueber=

zeugung, sie hatten keine bleibenden Schlagworte noch besondere Künste, die Herzen zu gewinnen, aber wo sie einen bekehren wollten, fingen sie damit an, ihn zu lieben, und waren gewiß, daß damit das Beste gethan sei. Darum, weil sie mehr Liebe besaßen als die Welt, weil sie durchdrungen waren von dem Geiste der unendlichen Liebe Jesu, darum waren sie auch weiser als die Welt und gründeten eine Kirche, die stärker ist als die Welt, und die auch die Pforten der Hölle nicht überwältigen.

III.

Haben wir uns so von der tiefen Wahrheit unsers Textes-wortes überzeugt, daß nur der Wiedergeborene das Reich Gottes zu sehen, nur der Wiedergeborene es zu schaffen vermag, so ist uns damit gewiß auch ein Drittes klar geworden, daß es unsere Pflicht sei, diese Gemüthsverfassung, soviel das an uns liegt, in uns herzustellen, weil sie die einzige ist, in der wir Frieden finden für unsere Seele. Sie allein zeigt uns dieses räthselhafte Weltall als Vaterhaus Gottes und macht uns seine öde Fremde zur vertrauten Heimat; sie allein bringt uns die Gewißheit, daß unser menschliches Dasein nicht nur ein augen-blicklich erregtes und in sich selbst wieder zurückfließendes Natur-leben sei, sondern daß es einen ewigen Inhalt und eine Be-deutung habe im Reiche Gottes. Und die, die diese Antwort gefunden, denen so des Lebens Deutung klar geworden, sie sind nicht nur an sich beneidenswerth, sondern sie werden auch beneidet, mehr als sie selbst es wissen. Es möchten viele sein wie sie, und ihr unruhiges zerspaltenes Leben voll Leidenschaft und Aufregung vertauschen mit dem Frieden der Kinder Gottes, aber sie seufzen mit dem Pharisäer unsers Tex-tes: Wie mag solches zugehen? Wir sehen viele sich quälen und sich sehnen mit Nikodemus, und wenn die Nacht sich her= niedersenkt und den Tag mit seinem Lärm begräbt und seinen Zerstreuungen, dann strecken sie wie Nikodemus ihre Hände aus nach Jesu, um schließlich freilich so trostlos wie er zu rufen: Ich kann nicht in meiner Mutter Leib zurückkehren! Wie kann der Mensch geboren werden, wenn er alt ist — verhärtet in seinen Gewohnheiten, verbittert in seinem Herzen, argwöhnisch in seinem Geist, enttäuscht in seinen Hoffnungen, kleinmüthig in seinen Entschlüssen? Wie sollte er sich da noch bekehren zu Glaube und Liebe? Kann er auch wieder in seiner Mutter Leib gehen und geboren werden? Ach, wie wünschten wir es doch! Wie anders wollten wir dann unser Leben einrichten, wollten die gerade Straße wandeln statt der Irrwege der Sünde, wollten festhalten das kindliche Vertrauen zu Welt und Men= schen, festhalten den Glockenton einer himmlischen Welt, der nachhallte im jugendlichen Herzen, und der nun lange ausgetönt hat, verschlungen vom schrillen Mißklang des Lebens. Statt uns Feinde zu schaffen, wollten wir die Freunde nicht los= lassen, die wir hatten, statt der Trugbilder, denen wir nach= jagten, wollten wir zusammenhalten die Kraft, das verzettelte Leben noch einmal sammeln und das Pfund da anlegen, wo es Zinsen trägt. Aber wir können nicht zurück in den mütterlichen Schos, es kann der Mensch nicht von neuem geboren werden, wenn er alt ist.

Aber setzen wir nur auch gleich hinzu: wenn er's könnte, was würde es ihm helfen? Was vom Fleisch geboren wird, ist Fleisch, sagt unser Text, und wenn du auch aufs neue ge= boren würdest, du würdest schließlich doch wieder da ankommen, wo du jetzt stehst. Jene erste Tugend, die unversuchte, jene natürliche Freundlichkeit, der sinnliche Reflex deines ungetrübten Wohlergehens hatte nicht den Werth vor Gott, den du ihm beilegst. Was vom Fleische kam, war Fleisch und ist deshalb auch den Weg alles Fleisches gegangen. Die herzliche Buße der Johannestaufe, der schmerzliche eigene Entschluß, die Qual der Wiedergeburt würde dir auch dann nicht erspart bleiben. Die erste Geburt setzt dich stets als den Feind deiner Umgebung, alles ist dir auf dich bezogen und deine einzige Aufgabe ist die, daß du werdest und dich vollendest. So hat die Natur es mit dem Einzelnen gemeint, bis der Geist ihm Zeugniß gibt, daß der Einzelne nur sei für das Ganze. Bis zu dieser Erkenntniß wird unser natürlicher Mensch immer sich für den Mittelpunkt der Welt ansehen und alles daran messen, ob es uns fördere oder hemme, ob es uns nützlich oder schädlich sei. Solange der Mensch aber sein Glück so schaffen will, daß er alles auf sich bezieht, ist er elend. Glücklich wird er erst, wenn er sich vergißt, sich auf das Ganze bezieht, sein Ich darangibt zu gro= ßem Zweck. Dann empfindet er die Harmonie des Ganzen, von der er selig getragen wird, während das Geräusch der Welt ihm ein Mißklang war, solange er sich zum festen Punkte machte, um den alles andere kreisen soll. Die nichts im Auge haben als ihr Glück, sind stets unglücklich, selig aber sind die, die sich vergessen haben und aufgegangen sind in Willen Gottes. Das ist das „stirb und werde" unserer Re= ligion, das ist die Taufe in den Tod, die Wiedergeburt, in der dem Menschen die Augen hell werden, das Reich Gottes zu schauen, die Sinne scharf, die Räthsel des Daseins zu lösen. War die Losung des ersten Lebens: sorge für dich, daß du glücklich seist, so heißt die Losung des neuen Lebens: gib dich daran und du wirst glücklich sein. •

Das also, meine Freunde, ist der Weisheit letzter Schluß. Es gibt keine andere Antwort auf die Fragen des Zweifels als die Antwort der That. Bete und arbeite! Säe, pflanze, baue,

und wenn du das kleinste Fleckchen Erde der Herrschaft des
bösen Geistes abgewinnst, wird dir die Aufgabe und der Zweck
der Welt klarer sein, als wenn du mit den Meistern in Israel
darüber nachgrübelst, von wannen der Geist kommt und wohin
er fährt. Wenn du eines Kindes kleines Herz, eines Kindes
ungetrübtes Gemüth vor den Schlingen der Welt und des
Teufels zu sichern suchst, wirst du besser wissen, warum du
lebst, als wenn du die Zeit im großen beklagst und dir ein=
bildest, den Pulsschlag der Geschichte zu belauschen. Bebaue
die Scholle, die dir anvertraut ist, so wird dir die Gewißheit
schon kommen, daß trotz alles Unkrauts die Welt schließlich
dennoch ein Garten Gottes sein wird. Mache dein Haus nur
erst zu einem Reiche Gottes, dann wirst du auch mit Freudig=
keit beten können: Dein ist das Reich und die Kraft und die
Herrlichkeit in Ewigkeit! Amen.

2

Sehnsucht nach Gott.

Ich bin immer gern über dem Psalmbuch gesessen, und habe mir meine Gedanken gemacht, wer wol diese einzelnen Sänger gewesen sind, die uns wie kein anderer Dichter in ihren wenigen Versen doch so ihr ganzes Herz darbieten. Eine Welt voll Leiden und Freuden ist in diesem kleinen Büchlein niedergelegt — hier vernehmen wir den Jubel einer dankerfüllten Seele, der die Welt in den goldensten Lichtern erstrahlt, dort den herzbrechenden Jammer eines zerrissenen Gemüths, dem das Leben kaum eine Hoffnung übriggelassen hat. Da drängt sich doch wol die Frage auf, wer waret ihr Guten, die ihr diese Welt von Lust und Schmerz im Busen getragen? Welches Glück ward euch zutheil, welcher Jammer hat euch betroffen, der noch hindurchklingt und nachzittert in der einfachen Weise euerer Lieder? Welch bitteres Leid hat euch Jehova verhängt? Haben Weib und Kind und Freund euch verrathen, hat Krankheit euch heimgesucht oder Noth und Armuth? Oder welchen Segen hat er euch kosten lassen? Hat er euch beglückt im Kreis der Familie, Söhne und Töchter aufwachsen lassen wie Schößlinge der Terebinthe, euch Ehre und Ruhm ernten lassen in der Versammlung der Stämme? Bei den meisten der vergessenen Sänger würden wir diese Fragen vergeblich stellen, nicht so bei dem Dichter des 42. Psalms, der den Grund seines Herzeleids deutlich bezeichnet. Ihn quält das Heimweh nach Zion und die Sehnsucht, den Tempel Jehova's zu schauen, denn er war einstens Priester, der an der Spitze der festfeiernden Menge einherzog unter Frohlocken und Danken. Jetzt aber haben die Syrer ihn weggeschleppt aus der Davidstadt hinauf ins obere Jordanland. Dort an den Quellen des heiligen Stroms, dort unter den Schneegipfeln des Hermon, von dort, aus dem frischen und herrlichen Alpenland, sehnt er sich weg nach den kahlen und öden Kalkfelsen Judäas, denn er verlangt nach seinem Volk und nach der Wohnung seines Gottes. All die Herrlichkeit der Alpenhöhen und der rauschenden Quellen um ihn her treiben sein Heimweh nicht aus. „Mein Gott", ruft er, „betrübt ist meine Seele in mir, darum gedenke ich an dich im Lande am Jordan und am Vorberg des Hermon. Flut ruft der Flut beim Tosen deiner Wasserfälle. All deine Wogen und Wellen gehen über mich!" Das war der Ursprung jener Sehnsucht, die den Dichter rufen ließ: „Wie der Hirsch schreiet nach frischem Wasser, so schreiet meine Seele, Gott, nach dir."

Warum uns doch wol gerade dieses Lied vor allen andern herrlich erscheint, warum es so vieler bekümmerter Herzen Lieblingspsalm geworden ist? — das ist, weil etwas Tieferes sich birgt hinter diesem Heimweh nach Zion: die Sehnsucht nämlich nach Gott. Das hat auch Luther herausgefunden, wenn er unrichtig zwar und doch wahr übersetzte: Wann werde ich dahin kommen, daß ich dein Angesicht schaue?*) Darum ist der 42. Psalm der ewige Ausdruck, das wahre Hohelied

---

*) Eigentlich: Wann werde ich kommen und vor Gott (im Tempel) erscheinen?

aller Religion geworden, denn die Religion des Menschen ist
ja nichts anderes als seine Sehnsucht, mit Gott geeint zu
werden. Darum ist wol auch das gewiß: keine andere Empfindung unsers Herzens ist so natürlich, so menschlich, so
wahrhaft würdig und recht, als dieses Verlangen der Seele nach
Gott, dessen reinster Ausdruck in jenem Psalm vorliegt.

So natürlich und menschlich zunächst.

Schatten und Schein umgibt uns. An uns vorüber ziehen
Gestalten, deren inneres Gesetz wir nicht verstehen. Uns selbst
sind wir ein Räthsel. Träumt die Natur uns, träumen wir sie?

> Ein Verrauschen, ein Verschwinden
> Alles Lebens. Doch von wannen,
> Doch wohin? Die Sterne schweigen
> Und die Welle rauscht von dannen.

Unser Geist aber will Antwort. Hindurch will er dringen
durch dieses wechselnde Spiel der Erscheinungen zum Grund
aller Dinge, durch die Täuschungen der Sinnlichkeit zur Wahrheit. Gott aber ist die Wahrheit.

Unser Herz will Liebe. Eine segnende Hand ruht auf uns,
wir möchten sie ergreifen; auch wo sie uns strafte, möchten wir
sie an die Lippen ziehen, denn sie that recht daran. Auch ist
es diesem Herzen innerstes Bedürfniß zu lieben. Wir können
nicht leben ohne Liebe, und die wir der Creatur entgegentragen —
so oft unerwidert, verkannt, zurückgestoßen — sollten wir sie
nicht der Quelle alles Lichts, alles Lebens, alles Guten ent-
gegenbringen? Wessen Herz, und wäre es das freudenärmste
und das leidvollste, hätte nicht dennoch hundert und hundert-
mal mit dem Dichter schon gejubelt:

> O Sonne, leih' mir deine schönsten Strahlen,
> Zu legen sie vor Jovis Thron!

Wenn dir ein unsichtbarer Gönner täglich alles reichte,
was du zum Leben bedarfst, wenn du in allen erdenklichen

Momenten sein wohlthätiges Eingreifen erführest, wenn du
auf allen deinen Wegen die Spuren seiner zärtlichen Sorge
wahrnähmest, wo du stehst, wohin du gehst, begegnest du irgend=
einem Erinnerungszeichen seiner zärtlichen Gesinnung, Tag und
Nacht fühlst du das Wehen seines Odems in deiner Nähe,
er ist die Atmosphäre, die dich umgibt, nur Eines — ihn
zu schauen wäre dir versagt, mit ihm zu reden wäre dir un=
möglich — müßte dich da nicht das Gefühl des tauben Vaters
überkommen, der nur ein mal die süße Stimme seines Kindes
hören möchte — oder die schmerzliche Sehnsucht der blinden,
jungen Mutter, die nur ein mal dem Gatten ins treue Auge
schauen möchte? Gewiß eine heiße, ungestüme Sehnsucht müßte
hervorbrechen aus der Tiefe deines Herzens, oder diese Tiefe
wäre hohl, oder dies Herz wäre schlecht. Aber ist dir nicht
das alles geschehen, du unruhig klopfend Herz? Hat dich
nicht der große Unsichtbare überschüttet mit Wohlthaten, die
auszusprechen unsere reiche Sprache zu arm, die zu überblicken
unser schärfstes Auge zu stumpf ist? Er legte den Odem in
unsere Brust und alle die Empfindungen, die uns beseligen,
und legte uns selbst in der Liebe Arm, daß wir aufwuchsen
und erstarkten an Leib und Seele und des Lebens uns freuten.
Er hat seine Hand über uns gehalten und uns geschützt und
uns glücklich bis hierher geholfen. Darum, o Herr und Gott,
hat dich dies sehnende, unruhevolle Herz geliebt, seit es einer
Empfindung fähig war, und hat dich gesucht, seit es seiner selbst
bewußt ward. Wenn ihm das bunte Spiel des Lebens wichtig
erschien, so war es, weil es deine verborgen waltende Hand
darin zu ergreifen hoffte. Wenn es gläubig entzückt und voll
frommer Ahnung die Pracht der Schöpfung bewundert, so war
es, weil du dich zu bergen schienest hinter den Schleiern der
Sichtbarkeit. Wenn der Geist in rastloser Arbeit vieldeutige

Schriften durchforschte und dem Gesetz nachfragte irdischer Kräfte und der dunkeln Geschichte unsers Geschlechtes, so war es, weil sie dunkle Kunde, weil sie halbverwischte Sage zu geben schienen von dir, o Gott! Dich hat dies Herz gesucht im Wehen des Frühlings und dich in den Schatten des scheidenden Jahres, über den Höhen der Erde und in den Tiefen des Firmaments, in sich, um sich, über sich. Du bist, wie sein erstes Verlangen, so seine letzte Zuflucht. Dir galt von der Lippe des Kindes das erste gestammelte Gebet, und dir befiehlt der Sterbende seine Seele mit dem letzten Hauch seines Mundes. Darum sagen wir, ist nichts anderes so natürlich, so menschlich, so angeboren wie diese Sehnsucht nach Gott. Sie ruft noch heute, was sie vor Jahrtausenden gerufen: Wie der Hirsch schreiet nach frischem Wasser, so schreiet meine Seele, Gott, zu dir. Meine Seele dürstet nach Gott, nach dem lebendigen Gott, wann werde ich dahin kommen, daß ich Gottes Angesicht schaue!

Nun pflegt ihr freilich zu sagen, daß solche Sehnsucht dem gesunden und starken Menschen nicht zieme. Ein thörichter Einwand, den man aber oft und zwar der christlichen Religion in ganz besonderm Sinne zu machen pflegt — daß das keine Religion sei für den fröhlichen und glücklichen Menschen. Wer innerlich geknickt und gebrochen sei und krank im Mark seines Wesens — wem hienieden keine Hoffnung mehr blühe, kein Glück mehr lache, wem die Heiterkeit des Lebens nur schmerzlich das wunde Herz berühre, wem die Tageshelle nur wehe thue am müden Auge — der möge sich in die düstere Kirche flüchten, um auf eine andere Welt vertröstet zu werden, die die Verheißungen erfüllt, um die ihn dieses Leben betrogen hat; der möge dort die letzten Tage seines Lebens verträumen in einer Luft, die für den Kranken still und mild genug, aber für den

Gesunden beengend und peinlich sei. Für die Heitern und
Fröhlichen aber stimme es schlecht, überall diesem Gott am
Kreuze zu begegnen, überall von den Martern der Heiligen zu
hören, bei jeder Lebensfreude auf das Grab verwiesen zu werden.
Was aber so der christlichen Religion überhaupt entgegenge-
halten wird, das gilt jenem Gefühl der Gottessehnsucht ganz
besonders. Unter zehn Menschen werden gewiß neun sie für
eine kränkelnde Empfindung halten. Und dennoch ist gerade sie
es, die dem Christen Kraft gibt zu allen guten Dingen, und
Muth und Freude verleiht zur rührigen Arbeit. Was ist's
denn, was dem einsamen Forscher die Ausdauer gewährt bei
seinem Streben, ihn freudig und fröhlich erhält bei einem Leben,
wie es über den Gefangenen im Kerker nicht verhängt zu werden
pflegt? Er opfert die Freuden des Tags und den Schlaf der
Nächte. Das Frühroth begrüßt ihn noch bei seiner stillen
Lampe und die scheidende Sonne sieht ihn wieder bei der Arbeit.
Er verzichtet auf all die Freuden des Lebens und achtet selbst
das Opfer seiner Gesundheit nicht für zu groß — und ist dabei
heiter, zufrieden und glücklich. Und was ihn stark macht und
heiter und ausdauernd — nur der Wunsch ist's, Gottes Wege
zu erforschen, den Saum seines Gewandes zu erfassen, die
Spuren seines Wirkens zu schauen und das Gesetz seiner Arbeit
zu erkennen. — Oder was gab den Heiligen Christi jene Heiterkeit mitten in einem Leben voll Noth und Pein, Entbehrungen
und Drangsalen aller Art, was ließ sie durch alle Qualen und
Todespein lächelnd hindurchgehen in eine andere Welt, als eben
diese Sehnsucht hindurchzubringen durch Noth und Tod, um
Gott vereint zu werden? Nein, dieses Verlangen nach Gott
ist kein schwächlich und kränklich Gefühl! Wo einer wahrhaft
stark und muthig und freudig gewesen ist, da war's der Glaube
und die Hoffnung auf Gott, die ihn beseelte. Wo einer sein

selbst nicht geachtet und sich dargebracht als Opfer für höhern Zweck, da war es die liebende Sehnsucht, mit Gott vereint zu werden, die ihn allen Jammer und allen Schmerz nicht achten ließ. Sie ist eine im Innern des Menschen daherrauschende Flut, die alle Schranken niederreißt. Sie ließ den Sänger des Alten Bundes rufen: Wenn ich nur dich habe, so frage ich nichts nach Himmel und Erde; wenn mir gleich Leib und Seele verschmachtet, so bist du doch, Gott, allezeit meines Herzens Trost und mein Theil, denn diese Liebe ist stark wie der Tod und ihr Eifer ist fest wie die Hölle. Ihre Glut ist feurig und eine Flamme des Herrn, alle Wasser löschen sie nicht und alle Ströme ersäufen sie nicht!

Aber allerdings das Eine laßt uns nicht übersehen, daß diese Sehnsucht wirklich geboren ist aus einer gewissen Unbefriedigtheit des menschlichen Herzens. Doch wird nur der sie darum eine Krankheit und ein Leiden nennen, der da glaubt, daß unser Leben ohne Rest aufzugehen habe in dem irdischen Sein. Der mag die Klagen unsers Sängers und mit ihnen die Religion überhaupt immerhin eine Krankheit heißen. Denn das ist gewiß, fänden wir das, was unser Herz befriedigt, schon im Reiche der Sichtbarkeit, wahrlich uns gelüstete nicht nach einer verborgenen Herrlichkeit, die kein Ohr gehört und kein Auge gesehen hat. Dem sinnlichen Bedürfniß ist ja vorgesehen von allen Seiten, aber im Grunde seines Herzens bleibt dennoch ein Verlangen ungestillt, das weist den Menschen hinaus über sich selbst, eine Sehnsucht, die ihn weiter und weiter zieht.

Unbefriedigt wirft die Jugend das Spiel hinweg, mit dem sie einige täuschende Stunden glücklich vertändelt, unbefriedigt lassen die lärmenden Freuden des Jünglings rastlos bewegtes, sehnendes Herz, unbefriedigt bleibt der Mann in seinem weit-

umfassenden Wirkungskreis. Der Gegenstand der Sehnsucht
wechselt, aber die Sehnsucht bleibt. Was der Knabe begehrte,
was er mit glühenden Farben sich ausgemalt, das Glück der
Freiheit und Ungebundenheit — der Jüngling hat es, und
dennoch ist keine Befriedigung eingekehrt in seine junge Brust.
Und worin der Jüngling des Lebens wahren Gehalt erkannte,
Macht und Einfluß und Wirksamkeit, das findet der Mann,
und dennoch fehlt ihm etwas, was keine gemüthvolle Stunde
im Kreis der Familie bietet und keine Wirksamkeit schafft im
Getümmel des Marktes. Und was die Jugend erstrebt, das
hat das Alter in Fülle, aber nun wendet die Sehnsucht des
Geistes sich wieder zurück nach den Jahren der Kindheit, und
er meint damals besessen zu haben, was er doch stets nur ge=
sucht. Ja ist er auch hindurch durch ein reiches Leben von
Stufe zu Stufe emporgestiegen, und hat sich auch stets ein weiterer
Gesichtskreis ihm erschlossen von Schritt zu Schritt; hat auch
der Blick sich erweitert und jede Empfindung sich beseligt und
erhöht: nur um so glühender wird das Verlangen, nur um
so ferner rückt das Ziel. Und es sind keineswegs die Schlech=
testen, die dieser Stimmung am meisten unterworfen sind. Auch
das reinste und geweihteste Leben, auch die vollbrachte Laufbahn
selbstverleugnender Liebe schützt nicht vor Stunden, in denen
das geängstete Herz rufen mag: Gott, mein Gott, warum hast
du mich verlassen? Denn hinüber in eine andere Welt weist
dieses Sehnen des Herzens. Auf Erden fällt die Schranke
nicht, die uns trennt vom Anblick der göttlichen Herrlichkeit.
So gibt es nur eine Antwort auf die Frage des Sängers,
wann werde ich dahin kommen, daß ich dein Angesicht schaue?
Die Antwort: hier nicht, nicht in dieser Welt. Wir schauen
jetzt durch einen Spiegel in einem dunkeln Wort, dann aber
von Angesicht zu Angesicht.

Das aber ist denn auch die Wahrheit jener ziellosen Sehnsucht. Sie ist das tiefere Bewußtsein einer ewigen Heimat,
der Reflex, den die geistige Welt hereinwirft in unser Herz.
Daher die träumerischen Wünsche, in denen die Selbstsucht zum
Gebet sich aufschwellt, daher die nie gestillte Unzufriedenheit
und Unruhe, die dir heute fremd erscheinen läßt, was dir noch
gestern heimlich war, die dir morgen entleidet, was du heute
noch deine einzige Freude nennst. Auch des Besten Brust wird
von der Hoffnung geschwellt, sich herauszuretten aus seiner
Umgebung voll fröstelnden Unbehagens, irgendwo auf Erden
ein Plätzchen zu finden, wo sein sturmverschlagenes Herz nur Liebe
geben und nur Liebe nehmen könne, wo er hingehen könnte mit
dem Haufen und wallen zum Hause des Herrn unter Frohlocken
und Danken. Wer kennte die Sehnsucht nicht nach einem Lande,
das seine Träume verwirklicht, seine Wünsche erfüllt? Diese
Sehnsucht treibt ja den Menschen über Land und Meer, sie
läßt ihn im Freund, im Geliebten die andere Hälfte seiner Seele
ahnen, die er so sehnlich gesucht, die er so schmerzlich entbehrt!
Wol ist das eine falsche, eine fleischlich gewordene Messiashoffnung, die die bittersten Enttäuschungen bereitet. Denn
wenn du vom Aufgang der Sonne zögest bis zu ihrem Nieder-
gang, du würdest doch das Paradies nicht finden, das du suchest,
noch das Menschenbild, das deinen Träumen entspräche. Aber
an jedem Ort deine Qualen, und in jedem Menschen deine
Sünden. Diese Hoffnung ist nur die Mutter thränenvoller
Täuschungen. Aber ihr sehet den Faden dennoch, durch den
auch sie mit Gott zusammenhängt.

Denn woher stammt jenes quälende Unbehagen, das in
der Welt sich nicht heimisch fühlen will, in der es doch schon
so lange daheim ist? Wie kommt's, daß wir gerade mit unsern
besten Empfindungen uns wie in der Fremde fühlen, wo man

auch über alle Dinge redet, nur über die nicht, die das Herz wahrhaft bewegen? Woher die Unverwüstlichkeit von Hoffnungen, die doch jeder Tag unsers Lebens Lügen gestraft hat?

Es ist die Ahnung des Göttlichen, die den Menschen so rastlos bewegt. Die Erinnerung ist's, daß die Menschheit von Anfang an auf das Ebenbild Gottes angelegt war und die Welt auf das Reich Gottes. Daher jene dunkeln, traumhaften Schmerzen, die nicht ruhen und rasten werden, bis die Menschheit dieses Reich wieder aus sich erzeugt, bis sie sich wieder gereinigt hat zu einer Gestalt des göttlichen Lebens, aus dem sie geboren ist. Das ist die Wahrheit jener dunkeln Gefühle: die Sehnsucht, mit Gott wieder vereinigt zu sein auch in diesem Leben, daß wir ihn fühlen und finden möchten und er nicht ferne sei von einem jeglichen unter uns. Daher eben stammt jene Sehnsucht, daß wir losgerissen sind von dem Urquell unsers Lebens. „Darum sind unsere Thränen unsere Speise Tag und Nacht, daß man täglich zu uns sagen darf, wo ist nun dein Gott?" Darum betrübt sich unsere Seele und ist so unruhig in uns, aber es ist eine göttliche Betrübniß und eine göttliche Unruhe, die aus Gott stammt, die das Höchste erstrebt, weil ihr Gott das Beste geoffenbart hat; die Sehnsucht ist's, das Wahre zu erkennen, das Schöne zu schauen, das Gute zu schaffen. Und nicht eher werden diese Sehnsuchtsqualen der Menschheit schwinden, bis sie all die hemmenden Schranken der Sünde, alle Verfinsterungen und Trübungen aus sich herausgeschieden, bis sie ihr ganzes Wesen liebend, denkend, schaffend in das Göttliche getaucht hat.

So offenbart sich denn des Menschen wahres und besseres Wesen in dieser Sehnsucht des Herzens nach Gott, und so entfaltet sich seine wahre Kraft unter der Hülse der gleichen

Empfindung. Und zu diesem Segen für die Arbeit dieses Lebens fügt sie die Gewißheit einer künftigen Welt.

Das ist der Sinn jener Sehnsucht, die aller Menschen Herzen bewegte von Anbeginn, wenn auch der Geist sie nicht immer richtig verstanden. Sie haben geträumt von Paradieses- gärten und seligen Inseln, von Tagen künftiger Herrlichkeit und seligen Friedens, von freundlichen Sternen, die herabwinken ins Dunkel des Lebens, von einem Lande gen Morgen, wo ihre Träume wandeln gehen und man die Sprache ihres Herzens spricht. Und scheltet dieses Wünschen und Sehnen nicht! Denn wo einer sich geschämt hat des Haders und Streites im Kreise der Seinigen, wo einer erröthet ist über die Niedrigkeit gemeiner Denkungsweise, wo einer etwas hineingetragen hat von dem göttlichen Licht in dieses arme, dunkle, zerrissene Leben, da war es, weil ihm jenes goldene Land vor Augen stand und er wußte, daß ein Sünder es nicht ererben kann, dieweil es den Gerechten bereitet ist von Anbeginn der Welt an. So schäme dich jener Sehnsucht nicht, denn sie ist eine Kraft Gottes zur Seligkeit. Und ob sie's verspotten und verhöhnen, was soll's dich kümmern, und ob sie täglich zu dir sprechen, wo ist nun dein Gott, was soll's dich quälen? Was betrübst du dich, meine Seele, und bist so unruhig in mir? Harre auf Gott; denn ich werde ihm noch danken, daß er meines Angesichts Hülfe und mein Gott ist.

3.

Von der göttlichen Vorsehung.

Sir. 11, 14.

Es läßt sich nicht verhehlen, daß die Mehrzahl der heutigen Menschen über die göttliche Vorsehung anders denkt, als unsere Väter gedacht haben. Jene hielten sich an den Spruch der Schrift: Es kommt alles von Gott, Glück und Unglück, Leben und Tod, Armuth und Reichthum — und so trug das Volk Krieg und Landplagen, Noth und Tod; so trug der Dürftige seine Armuth, der Unglückliche seinen Jammer, wenn auch nicht mit der Freudigkeit im Leiden, deren stets nur der Christ fähig ist, so doch mit der Ergebung, die wir gegenüber einer höhern Nothwendigkeit empfinden.

Leugnen wir nicht, das ist heute anders geworden. Bist du arm, so zucken sie die Achseln und meinen, du hättest nur da und dort anders rechnen müssen, so hätte es dir gewiß nicht fehlen können. Drückt dich häusliches Elend, so heißt es, du habest nur die oder jene Verbindung nicht eingehen dürfen oder thätest wohl daran, sie wieder zu lösen. Bist du siech und krank, so meint man, du habest den rechten Arzt nicht gefunden oder der Arzt nicht die rechten Mittel. Traf der Blitz dein Haus — warum haben Draht und Stangen gefehlt, und bricht Wassersnoth herein, so sind die Dämme zu schwach gewesen. Gewiß, meine Freunde, so denkt die Zeit, so denkt die Welt, so denken wir alle, und es scheint die göttliche Vorsehung für ihre Thätigkeit keinen Platz mehr übrig zu haben, da ja für alles und jedes Grund und Ursache, Veranlassung und Zusammenhang ermittelt ist. Sollte es darum ein Ende haben mit dem alten Spruch, es kommt alles von Gott, Glück und Unglück, Leben und Tod, Armuth und Reichthum? Sollte wirklich statt dessen dein ganzes Geschick sich herleiten von Zufall oder Nothwendigkeit, Verstand oder Unverstand, Glück oder Unglück, wie trostlos wäre dann unser irdisches Dasein! Wenn wir die Vorsehung sonst nicht brauchten, wir brauchten sie für unser Herz, denn es würde uns unheimlich in dem Getriebe einer Welt, die sich nach Maschinenart bewegt und von keiner gütigen Hand so oder anders bewegt wird.

So bleibt ein Widerspruch zu lösen zwischen jener rein verstandesmäßigen Auffassung des Weltlaufes, die uns zur andern Natur geworden ist, und unserm Glauben an die Vorsehung, der trotzdem ein unausrottbares Bedürfniß unsers Herzens blieb.

Vielleicht kommen wir am ehesten zum Ziel, wenn wir zunächst fragen, worin besteht die göttliche Vorsehung? und dann, warum verbirgt sie sich hinter den Widersprüchen der Sinnlichkeit?

I.

Hüten wir uns zunächst, mehr beweisen zu wollen, als sich beweisen läßt. Wir wollen die Ansicht eines durchaus gesetzmäßigen Weltverlaufs da nicht bekämpfen, wo sie durchaus in ihrem Rechte ist. Suchen wir nicht einzelne und besondere Fügungen der Vorsehung da, wo die allgemeine göttliche Weltordnung vollkommen zur Erklärung der Erscheinungen ausreicht. Wenn deine Felder weniger tragen als die deines Nachbars, so ist das nicht die Strafe Gottes für diese oder jene Sünde, sondern es ist die Folge deiner Trägheit. Wenn dein Haus einstürzt, so geschieht das nicht, weil du den Morgen und Abendsegen vergaßest, sondern weil die Balken morsch und der Grund lose war. Wenn Siechthum und Krankheit dich ergreift, so ist das nicht, weil du den Gottesdienst versäumtest, sondern weil du unmäßig oder unvorsichtig warst. Mit einem Wort: jede Verschuldung hat ihre eigens für sie vorgesehene Strafe, die zufolge des ewigen Weltplanes mit Nothwendigkeit eintritt und nicht ein mal so und das andere mal anders verhängt wird. Wenn wir nicht beten und Gottes vergessen, so straft uns Gott zunächst durch das Gefühl der innern Leere und Oede und nicht um Geld und Gut, und wenn wir lügen und hassen, so straft er uns mit der Verachtung und dem Haß der Welt, nicht mit Gicht und Lähmung. Lohn und Strafe stehen somit allerdings in einem gesetzmäßigen Zusammenhang wie Saat und Ernte, und wolltet ihr bei jedem einzelnen Ereigniß, bei jedem Glück oder Unglück ein besonderes Eingreifen der Vorsehung annehmen, so müßte immer erwidert werden: allerdings, auch das war Gottes Wille, aber hütet euch, daß ihr nicht euere eigenen kurzen Voraussetzungen dem unterschiebt, der ewig und unbegreiflich ist. — Gerade zur Erklärung derjenigen Thatsachen, in denen das erschreckte Gewissen am liebsten ein plötzliches Eingreifen Gottes sieht, gerade zu ihrer Erklärung reicht in der Regel der ewige Weltplan Gottes vollkommen aus, denn Vorsehung und Weltordnung sind keine Gegensätze, sondern die Vorsehung in ihrer allgemeinen Form ist die Weltordnung.

Auf der andern Seite aber haben wir uns ebenso sehr damit zu durchbringen, daß das, was immer geschieht und immer auf die gleiche Weise, also gesetzmäßig geschieht, darum um nichts weniger die persönliche That des lebendigen Gottes bleibt. Es kommt alles von Gott, sagt unser Text.

Auch die Erscheinungen der Außenwelt. Es ist zwar heute gerade auf diesem Gebiet ein vieles die Rede von Naturgesetz und Naturnothwendigkeit, aber ihr meint nicht, daß damit irgendetwas gesagt sei. Wenn ihr auch wißt, unter welchen Umständen der Blitz herniederzuckt aus dunkler Wolkennacht, nothwendig und selbstverständlich werdet ihr ihn darum dennoch nicht nennen. Wenn ihr auch wißt, daß die Pflanze wächst, wenn Zelle zu Zelle sich fügt, das Wachsen selbst habt ihr darum doch lange nicht erklärt. Wie weit ihr auch jenen ersten göttlichen Anstoß zurückschiebt, er ist es doch, von dem allein alles Leben ausgeht und auf den darum schließlich alles ankommt. Geheimnißvoll, wunderbar wirkt und webt es rings um uns her. Durch die Tiefe der Natur rauschen verborgene Quellen, aus dem Dunkel der Nacht glüht das milde Licht der Sterne, unter der frostigen Decke regen sich drängende, quellende Keime und alles weist zurück auf jene eine göttliche Grundkraft, die alle Räder treibt, alle Fergen bewegt. Ueberall ein Vorhersehen, eine Vorsicht, eine Vorsehung, die in den Anfang schon die Zukunft, in den Keim die Blüte, in den Funken die Flamme, in die Quelle den Strom gelegt hat.

Keine Blume blüht ohne sie, keine Frucht reift ohne sie, ohne sie fällt kein Sperling vom Baume. Denn es kommt alles von Gott.

Aber freilich, wir verlangen Gottes Vorsehung nicht blos in dem großen Haushalt der Natur zu schauen, sondern wir verlangen sie vor allem für unser eigenes Leben, daß wir Gott da fühlen und finden möchten.

Daß es im großen und ganzen Gottes Hand war, die den äußern Umriß unsers Lebens abgesteckt hat, das drängt sich freilich schon einer oberflächlichen Betrachtung auf. Auch wenn Gott keinen andern Eingriff in das Leben seiner Geschöpfe

sich vorbehalten hätte, als den, daß er seine Menschenkinder aus-
rüstet mit diesen besondern Anlagen und sie hineinsetzt in diese
besondern Stellen des Weltzusammenhangs, so wäre ja schon
damit alles gesagt. Denn wovon hinge sonst dein Schicksal ab,
als daß gerade diese Triebe in deine Brust gesenkt wurden, die
wie der Kompaß deinem Lebensschiff Lauf und Richtung wiesen,
sodaß du trotz aller Hemmnisse dich doch immer wieder dorthin
hindurchfandest? Dazu die Verhältnisse, in die dein Gott dich
gestellt, und die fördernd und hemmend auf dich einwirkten, die
diese Keime üppig entwickelten und jene abtrieben. So bist
du gewachsen, geworden wie der Baum, in dessen Keim von
Anfang an der Trieb lag, sich nach oben zum Licht emporzu-
ringen und dessen Gestalt von dem Erdreich abhing, in dem er
wurzelte, und von den Winden, die auf sein Wachsthum einwirkten.
Schon damit also, daß die Vorsehung uns ausrüstete gerade
mit diesen Anlagen und uns hineinstellte gerade in diese Verhältnisse, hätte sie über alles entschieden, was des Lebens
Glück und Unglück, seinen Werth und Inhalt ausmacht. —
Aber sie thut noch mehr, wie ja unser Herz auch mehr verlangt.
Sie hat uns nicht nur wie ein kühler Vater mit einer Mitgift
abgefunden und uns ein Plätzchen angewiesen, an dem wir uns
dann weiter entwickeln mochten, sondern sie hat sich vorbehalten,
unmittelbar mit unserm Herzen zu verkehren.

Unbegreiflich zwar und unbegriffen ist die Art dieser Einwirkung, aber wer wollte sie leugnen? Es gibt eine Tiefe,
in der der menschliche Geist mündet in den, von dem er Leben
und Odem hat. Dort in dieser geheimnißvollen Tiefe webt und
waltet eine höhere Kraft und greift in entscheidenden Augenblicken
bestimmend ein in unser Leben. Wenn keimende, halbverstandene
Wünsche dem Leben eine neue Gestalt verliehen, wenn leise
Ahnungen uns vorbeileiteten an gefährlichem Sturz, wenn die

Stimmung einer guten Stunde uns hineinführte in Verhältnisse,
die das Glück unsers Lebens bilden, wenn eine unerklärte
Sympathie dich den Besten verband, die mehr als du selbst
dafür bürgen, daß du nicht verloren gehest, das nenne Fügung,
das nenne Vorsehung, das nenne Gott! Mehr als in diesem
oder jenem äußern Glücksfall erkennen wir das Walten einer
göttlichen Vorsehung darin, daß ein dunkler Drang unsers
Herzens uns oft sicherer leitete als alle Klügeleien des Verstandes,
daß, was wir in Schwachheit begonnen, sich täglich reiner und
besser gestaltete, daß unser Fehlgreifen zur Erziehung und unsere
Sünde selbst, Dank seiner Gnade, zum Guten ausschlug. Ja
unsers Lebens bester Theil, seine heiligern Entschließungen,
seine löblichern Thaten, sie sind nicht etwas, was wir klüglich
gewollt und vollbracht hätten aus eigener Kraft, sondern sie
kamen uns zu als ein Anstoß aus einer andern Welt. Wären
sie unser gewesen oder doch nur unser, ach sie wären anders
geworden, wir wissen's wohl.

Daß es einen solchen Faden gebe, durch den unser Herz
mit dem Ewigen zusammenhänge, wissen alle Besten, aber noch
besser als sie weiß es der Sünder. Er empfindet diesen Zu=
sammenhang am stärksten, weil er vergeblich sich müht, ihn zu
zerreißen. Oder was wäre es, was den Sünder ängstet und
quält? Woher jene Stimmen, die auf dem geheimen Grund
seiner Seele sich regen? Was ist's, daß er scheu umhergeht
und zur Seite schaut, daß er dem Blick der Menschen ausweicht
und hinter sich sieht, als ob da einer stehe, der alles gesehen?
Gott ist es, in dessen Schatten er wandelt, der ihm nachgeht,
der ihn straft, der ihn erzieht, der sein Heil bedenkt, wo er
selbst es nicht mehr bedachte, und der ihn auch bessern wird an
seinem Tag. Ja, was war es, das die starre Rinde unserer
Selbstsucht brach, eben, als wir an uns selbst verzweifelnd,

meinten, daß sie für immer sich schließen wollte? Im trüben
Nebel des Mismuths wollten uns alle Wege gleich vergeblich
erscheinen, wir warfen unsern Stecken und Stab von uns, nach=
dem alle Ziele uns getäuscht. Was war es, daß da plötzlich
der Nebelschleier riß und das gelobte Land wieder hell und
deutlich vor uns lag, nach dem wir wandern sollten? Ach es
waren kleine unscheinbare Dinge, die wir oft erlebt, ein gutes
Buch, ein weises Wort, ein freundlicher Blick, ein gütiger Zu=
spruch, und doch verdanken wir es ihnen, daß die bessern Ziele
wieder heller vor uns liegen, denn es war die Arbeit der
Gnade an unsern Herzen, die durch sie uns nahe trat. Wie
den Fremdling, der jahrelang seiner Heimat vergessen, plötzlich
das Heimweh ergreift — war es eine Aehnlichkeit, die ihm
alte Bilder im Herzen wach rief, war es ein Lied, das er lang
nicht gehört, das das Heimweh ihm erweckte, er weiß es nicht —
aber heimwärts zieht's ihn mit tausend Fäden — so fühlten
auch wir uns festgehalten in unserm nichtigen Wandel, so rief
es uns mächtig zu: Nicht weiter auf diesem Weg, nicht weiter,
es wäre dein Verderben!

Hast du das erlebt, so zweifle nicht, es war Gott, der
sich deiner annahm, in selbiger Stunde hast du erfahren, daß
es eine Vorsehung gibt.

II.

Aber warum, so werdet ihr fragen, bleibt dieses Wirken
Gottes so geheimnißvoll, so doppelsinnig? Wenn er uns er=
wählen wollte, warum ließ er zuvor uns fallen? Wenn er
uns beglücken wollte, warum ließ er so oft uns elend werden?
Wenn er sich offenbaren will, warum versteckt er sich? Spräche
die Schrift: Das Glück kommt von Gott, alle gute, vollkommene

Gabe kommt von Gott — o das verständen wir! Aber es kommt alles von Gott, Glück und Unglück, Leben und Tod.

Warum wollte er beides zugleich: Leben und Verwesung, Glück und Elend? Gibt es keine Vorsehung, woher hat die Welt ihre kunstvolle Einrichtung? Was folgen die Sterne ihrem ewigen Zug, was folgen die Ströme ihrem ewigen Fall, was legt die Knospe sich auseinander zu Blüte und Frucht? Was schlägt des Menschen Herz für eine bessere Welt? Aber gibt es eine Vorsehung, woher die tausend Organismen, die im Keime vergiftet sind? Die tausend Creaturen, die ein sieches Dasein hinschleppen? Woher der Zufall mit seiner Tücke? Ein fallender Stein, der ein Leben auslöscht und ein Mutterherz bricht. Eine sausende Kugel, die ein Glück zertrümmert. Ein tosender Sturm, der Tausende dem Elend preisgibt. Wie vieles könnten wir noch aufzählen, aber wir würden doch nur die eine Antwort erhalten, daß es dieser trüben Gärung bedurfte, wenn die sittlichen Güter sich gestalten sollten, daß es dieses Widerspruchs bedurfte, sollten wir den Frieden der Versöhnung empfinden. Nehmt sie der Reihe nach, des Lebens höchste Güter, seinen Glauben, seine Hoffnung, seine Liebe, sie wären nicht ohne den Doppelsinn von Glück und Unglück, Leben und Tod, Armuth und Reichthum, den Gott unserm Dasein aufgeprägt.

Zu glauben haltet ihr alle für etwas Schönes. Schon in unsern menschlichen Verhältnissen macht es das Herz so voll, so warm, an einen glauben zu können. Was wäre süßer als diese selige Gewißheit in der Ungewißheit, die wir Vertrauen, die wir Glauben nennen? Sie ist das bräutliche Gefühl, das seliger ist als des Wissens Besitz. Was wir wissen, freut uns nicht mehr, und wer alles wüßte, der brauchte keinen Pulsschlag, keinen Odemzug mehr. Wer nicht mehr liebt und

Hausrath.   3

nicht mehr irrt, der lasse sich begraben, hat unserer Dichter einer
gesagt. Nicht, daß alles Irdische sich auflöse in die klaren Formeln
eines Rechenexempels, sondern das ist unsere Seligkeit, daß all
unser Sein und Wesen hindrängt nach einem Höhern, Unsicht=
baren, daß es sich ergreifen und mitziehen läßt von dem mäch=
tigen Strom, der in die Ewigkeit mündet. Darum hebt sich
unser Herz, wenn wir hinausblicken in die dämmernden Fernen
der Ebene, in die endlosen Weiten des Oceans, dann regt der
Glaube ahnungsvoll seine Schwingen. Er braucht dieses Dunkel,
diesen Widerspruch, diese Ungewißheit. Vor dem Lichte würde
er sich scheu zurückziehen. Dort ist nicht sein Element. Sollten
wir darum durch den Glauben selig werden, so mußte dieser
Schleier über das Auge der Sterblichen geworfen werden,
Streben und Ziel mußten auseinanderfallen, zwischen Schöpfer
und Geschöpf mußte sich diese Schranke stellen. Sollten wir
glauben und dünkt es euch selig, zu glauben, so mußte unser
Leben gerade so vollkommen und unvollkommen sein als es ist,
so Licht und Nacht als es ist, so zwischen Glück und Unglück,
zwischen Leben und Tod, zwischen Armuth und Reichthum ge=
theilt als es ist.

Oder nehmet das Andere: wer möchte diese Welt ohne die
Hoffnung? Auf Hoffnung hin ist sie ja gegründet worden,
daß all die schlummernden Keime in ihr erwachen, daß sie ein
Tummelplatz werde lebendiger Wesen. Auf Hoffnung streut
der Landmann die Saat in den mütterlichen Schos der Erde,
daß der Regen sie befruchte und der Sonnenstrahl sie aufziehe.
Auf Hoffnung hin erschließt sich die Blüte und will zur Frucht
werden. Auf Hoffnung verläßt der Vogel sein Nest und folgt
dem geheimnißvollen Zug über Flüsse, Gebirge und Meere, und
ist gewiß, in unbekannten Fernen eine neue Heimat zu finden.
Auf Hoffnung hin wird der Mensch geboren und erzogen. In

allen seinen Gaben und Talenten ist ein Prophetisches, das auf
die Zukunft deutet. Auf Hoffnung hin haben wir unsere Kräfte
geübt, gelernt, uns ausgebildet. Auf Hoffnung hin den sauern
Kampf des Lebens bestanden, ob nicht dem Guten der Sieg
verbleiben wolle? Auf Hoffnung hin werden wir dereinstens ab-
scheiden in ein besseres Sein. So war sie des Lebens bester
Theil und der Glücklichste war immer der, der am meisten
hoffen konnte. Das ist der mächtige Zauber, der so licht und
golden, so ahnungsvoll um die Stirn der Jugend spielt, daß
sie noch so vieles hoffen kann, der süße Traum des jungen
Herzens, den keiner hingeben möchte um irgendwelche Wirklichkeit. Geboren ist dieser selige Traum aber aus unserm
Unvollendetsein, aus der Unvollkommenheit dieser irdischen Dinge.
Sollte der Geist seines eigenen Werthes, seiner ewigen Bestimmung, seiner ewigen Hoffnung gewiß werden, dann mußte
diese sinnliche Welt so dürftig, kalt und unbefriedigend sein,
damit das Herz innewerde, sein Bestes sei nicht von dieser
Welt.

Braucht es da noch eines weitläufigen Nachweises, daß
auch die Liebe, die dritte der christlichen Tugenden, jenes dunkeln
Untergrundes gleichfalls nicht entbehren könne? Lassen wir doch
überhaupt keine andere Liebe gelten als die erprobte. Mag es in
andern Regionen eine Liebe geben, ohne Kampf, ohne Prüfung, ohne
Opfer, die still und ruhig, dem ewig blauen Himmel vergleichbar,
immer dieselbe ist, das heiße, stürmische Menschenherz achtet
darum seine Liebe um nichts geringer, weil sie sich in Thränen,
Schmerzen und dem Tod bewährt. Nein, höher achtet ihr sie.
Denn ihr wißt selbst, daß ihr ganz anders liebt, wo ihr mit
Schmerzen liebt. Wenn hätten wir die Unsern inbrünstiger
umfaßt, als wenn wir litten oder sie leiden sahen? Mühe und
Kummer theilen, sich Sorgen erleichtern helfen, mit Gefahr,

3*

Anstrengung, Opfern demselben Ziel zustreben: das gibt einen ganz andern Liebesbund als die Gemeinsamkeit guter Tage, die doch nur schwer zu ertragen ist und nur allzu oft in Feindschaft endet.

Darum scheltet mir dieses wunderbare Gemisch von Nacht und Licht, von Lust und Leid, von Glück und Unglück, scheltet es nicht! Des ganzen Reichthums deiner Empfindungen bist du durch sie dir bewußt geworden. Dein Glaube, der dich selig macht, brauchte dieses Widerspruches, die Hoffnung, die sich strecken sollte nach einer andern Welt, bedurfte dieses An= stoßes, deine Liebe selbst wäre unerprobt geblieben ohne solchen Kampf!

Von dieser Seite her begreifen wir denn schließlich auch, daß die Widersprüche des Lebens die göttliche Vorsehung be= stätigen und nicht Lügen strafen. Wir suchen ihr Walten nicht mehr in der Beseitigung dessen, was uns vielleicht schmerzlich und bitter ist. Gerade in dem, was der sinnliche Mensch hoch anzuschlagen pflegt, läßt Gott vielmehr den ewigen Gesetzen ihren Lauf. Um uns Wohlstand und Ehre und äußern Glanz, ja selbst um unsere Gesundheit zu retten, hat Gott noch wenig Wunder gethan. Wie er regnen läßt über Gute und Böse, so läßt er auch dem Ungewitter seinen Lauf über dem Acker des Frommen wie über dem des Gottlosen, und die Kugel trifft in der Schlacht so gut des Christen hoffnungsreiche Brust wie des Sünders längst verwirktes Leben. Deine heiße Frömmig= keit, dein inbrünstiges Gebet wird vielleicht dein körperliches Leiden nicht eine Stunde verkürzen und den Faden deines Lebens nicht um eine Spanne länger spinnen. Wolltest du nun aber zweifelnd zum Himmel aufblicken und kleinmüthig fragen, wo die Vorsehung sei, so müßten wir dir sagen, hier ist sie nicht, zunächst wenigstens nicht. Ihr eigentliches Wirken liegt auf

einer ganz andern Seite. Sie ist wie das Himmelreich in=
wendig in dir. Dort schafft sie dir eine selbständige Welt nach
gerechten und unwandelbaren Gesetzen. Dort stellt sie die ge=
störte Harmonie wieder her und gleicht, wenn du es verdienst,
alles äußere Mislingen hundertfach wieder aus. Sie wird dir
kein Unglück abwenden und keinen Schmerz ersparen, aber zu
dem Unglück und Schmerz gibt sie dir auch den Frieden, der
dich sprechen läßt: Es kommt alles von Gott, Glück und Un=
glück, Leben und Tod, Armuth und Reichthum. Ihm sei die
Ehre in Ewigkeit!

4.

Die Gerechtigkeit Gottes.

Röm. 2, 3—5.

Es ist eine Frage, der wir häufig begegnen, ob das, was wir Menschen Gerechtigkeit nennen, auch in Gottes Welt sich verwirkliche. Eine schwierige Frage, wie alle, die sich auf das Wesen und Wirken Gottes beziehen, und doppelt schwierig, weil gerade hier unser erregtes Rechtsgefühl sich am ehesten berufen meint, den Lauf der Welt und Gottes Wege zu meistern. Schon ein Assaph hätte fast gestrauchelt, und bald wären ausgeglitten seine Tritte, als er das Glück der Gottlosen sah (Pf. 73, 2), einem Hiob klang der Gesunden Gerede von Gottes Gerechtigkeit wie Hohn auf seinen Schmerz, und selbst im Neuen Testament rufen unter dem Altar Gottes die Seelen der Märtyrer und schreien mit großer Stimme: Herr, du Heiliger und Wahrhaftiger, wie lange richtest und rächest du nicht unser Blut an den Bewohnern der Erde! (Apok. 6, 10.) Dieses „wie lange noch", wie oft hat es nicht uns allen schon auf den Lippen gelegen, wie oft haben auch unsere Füße schon gestrauchelt beim Anblick der Erfolge derer, die nichts so sehr verdient hatten als ihren Sturz, und wir haben es noch in den Ohren das schale Gerede der Freunde Hiob's und Elihu's ekle Weisheit, die stets dem Erfolge zujauchzt und so trefflich weiß, wodurch jeder Schiffbrüchige sein Scheitern selbst ver-

schuldet hat. Nein, ehrlich gestanden, von der Gerechtigkeit der
Freunde Hiob's, die hinter jedem Unglück auch eigene Schuld
wittert, von dem, was die Menschen gemeinhin Gerechtigkeit
nennen, vermag ich wenig in Gottes Welt zu entdecken. Was
hat denn das unglückliche, schuldlose Kind verbrochen, das mit
dem Makel unehrlicher Geburt zur Welt kommt, das umgeben
von Sünde und Schande aufwächst und selbst der Sünde und
dem Untergange entgegenreift? Oder was hat das gläubige,
liebende Herz verbrochen, das alles glaubte, alles hoffte und
dessen Glück nach dem gesprochenen Ja auf ewig verloren ist?
Oder was hat der Staatsmann verbrochen, den seine Pflicht
da festhält, wohin sie ihn gestellt hat, und den der Parteien
Neid und Haß verlästert, und den vielleicht kein äußerer Erfolg
jemals rechtfertigen wird? — Von der Hütte des Tagelöhners bis
zum Prunkgemach des Fürsten, wie viel buntgemischte Lose, und
sie sollten wirklich alle verdient sein? Vom ersten Schrei ins
Leben bis zum letzten Todesseufzer, wie viele Klagen, wie viele
Thränen, wie viel stummer, herzfressender Kummer, und sie
sollten alle verschuldet sein? Sagen wir es doch geradezu: nein,
es gibt keine gleiche Vertheilung der Lose. Es ist nicht dasselbe
Glück, ob du frierend aus dem winterlichen Walde das Holz
nach Hause schleppst, oder ob du in warmen Pelz gehüllt durch
die eigenen Forste fährst. Auch reicht es nicht überall aus zu
sagen, die Tugend gleiche alles aus. Jesaja war ein Prophet
und konnte mitten im Wüthen der Feinde sprechen: Ich bin
sicher und fürchte mich nicht, der Herr ist meine Stärke, mein
Psalm und mein Heil. Aber auch Jeremia war ein Prophet,
und er wußte nicht Wasser genug, sein Volk zu beweinen, und
sendet das furchtbare Wort zum Himmel empor: „Verflucht sei
der Tag, an dem meine Mutter mich gebar, der Mann, der
zu meinem Vater sprach, ein Knabe ist dir geboren, sei nicht

gesegnet!" Ist das auch Verdienst oder Schuld, daß dem
einen das Blut so rasch und fröhlich durch die Pulse rollt und
es dem andern so trüb und schwermüthig durch die Adern
schleicht? Gewiß es ist nicht leicht, in diesen Gegensätzen,
menschlich gesprochen, Gerechtigkeit zu entdecken. Ich will
glauben, daß eine ewige Liebe walte in der Welt, die den Vogel
im Neste trägt und das Kind warm hält an der Mutterbrust.
Ich will glauben, daß viel Barmherzigkeit ausgegossen ist über
diese Welt, Güte, Geduld und Langmüthigkeit, die nicht alle
unsere Sünden an uns heimsucht und manche bittere Frucht in
Gnaden nicht reifen läßt, die unser Unverstand gepflanzt hatte,
aber ist diese Liebe und Güte und Gnade wirklich gerecht vertheilt, wird Preis, Ehre und unvergängliches Wesen wirklich
nur denen, die in Geduld und guten Werken nach dem ewigen
Leben trachten, und Trübsal und Angst nur den Seelen der
Menschen, die Böses thun? Wenn die Heilige Schrift dennoch
diese Ueberzeugung kundthut und der Apostel Paulus namentlich
mit apostolischer Festigkeit erklärt: Wir wissen, daß Gottes
Urtheil recht ist, so geht er doch von der Unterstellung aus,
daß es sich mit der göttlichen Gerechtigkeit nicht ganz so verhalte
wie mit dem, was wir Menschen Gerechtigkeit nennen. Gerade
er redet mehrfach von einer langmüthigen, zuwartenden, er-
ziehenden Gerechtigkeit, von einer schließlichen Endoffenbarung
des gerechten Gottes. Nicht in jedem einzelnen Ereigniß also,
nicht in jedem einzelnen Menschenleben also, maßt er sich
an, Gottes Gerechtigkeit nachzuweisen, sondern seine Meinung
läßt sich wol am ehesten in den Satz zusammenfassen: die
Gerechtigkeit Gottes bezieht sich auf das Ganze.

Fassen wir unsern Satz zunächst ganz allgemein: Gottes
Gerechtigkeit bezieht sich nicht in erster Reihe auf den Einzelnen,
sondern auf die Menschheit. Du wirst die Widersprüche des

Lebens nicht entwirren, solange du für gerecht hältst, daß nach
deinem Gefühl Glück oder Unglück dem Einzelnen zugemessen
werde. Auf der Menschheit selbst ruht der Fluch des Unvollkommenen, und die Sünde des ganzen Geschlechts zieht die Strafe
herab auf den ergrauten Sünder wie auf die spielende Unschuld.
Das Elend, das die Sünde über die Menschheit gebracht hat,
ist zu einer gemeinschaftlichen Last geworden, an der sie alle
zu tragen haben, eine Last, die nicht den Schuldigen allein
drückt, sondern auch den Schwachen, und ihn oft am härtesten.
Wir alle sind nur Bruchstücke und Scherben dessen, was wir
werden sollten. Auf uns allen liegt der brennende Schmerz
irdischer Beschränkung, das quälende Bewußtsein eines verfehlten
Daseins, einer Sünde, für die nicht wir allein verantwortlich
sind, sondern das ganze Geschlecht, und so sehen wir die Geisel
der Züchtigung geschwungen über den Frevler, dessen Frechheit
zum Himmel schreit, aber auch über den, den sein Glück besser
verwahrt hat und den wir gern unschuldig nennen. Nichts
anderes ist ja auch mit jenem tiefsinnigen Worte gemeint, daß
schon der erste Mensch, der Stammvater des Geschlechtes, gefallen sei, als daß auf der gesammten Menschheit der Fluch
der Sünde ruhe, und eben darin sieht der Apostel die geoffen-
barte Gerechtigkeit Gottes, daß wie die Last der Sünde auf
allen ruht, so auch alle hineinverflochten sind in die Sündenstrafe.

Das Ganze der Sünde sucht somit Gott an der
Menschheit heim. Uns freilich würde es billig dünken, alle
Pein dieser menschlichen Sünde abzuladen auf wenige, schuld-
beladene Häupter. Gerechtigkeit würden wir es nennen, wenn
einige hervorragende Sünder die Schuld des ganzen Geschlechtes
tragen und alle Bitterkeit dieses Erdballs allein auskosten müßten.
Aber alle süßen, begeisternden, bräutlichen Gefühle dieses Daseins,

alles Licht, alle Erquickung, alles Schöne dieser Erde würden wir
denen in den Schos schütten, die unsere Einbildung sich rein
und sündlos malt. Aber indem du so den ganzen Schmerz
des Daseins auf den oder jenen gehäuft wissen möchtest, der
dir besonders schuldig scheint, hast du denn auch in Anschlag
gebracht die ungeheuern Versuchungen, mit denen jener Verlorene von Anfang an zu kämpfen hatte? Das böse Beispiel,
das ihn stets umgab, das traurige Schicksal, das ihn über-
wältigte gerade in der Stunde, in der sein Herz unverwahrt
war? Hast du in Anschlag gebracht, wie aller Preis des Lebens
für ihn auf dem ruhte, was ihr sein Verbrechen nennt und
alle Last des Lebens auf der Umkehr, die die Pflicht von ihm
verlangte? Und hast du in Anschlag gebracht, wie leicht es
jenen lichten Gestalten, um die deine Einbildung die Strahlen-
krone flicht, gemacht wurde, gut zu sein? Wie sie mit dem
ersten Lächeln der Mutter, mit dem ersten treuen Blick des
Vaters, wie sie mit dem ganzen Ton des Lebens, der sie umgab, die Gewöhnung des Guten in sich aufnahmen, als das,
was ihnen harmonisch, was ihnen schön, was ihnen schließlich
auch das Angenehmere war, und wie in den Stunden, da ihr
Herz dem Bösen offen stand, die willkommene Versuchung zu
ihrem Glück ausblieb und wie beim ersten Schritt auf falschem
Wege hundert hülfreiche Arme erschreckt sich ausstreckten, um
sie auf den rechten Pfad zurückzureißen? Das alles in Anschlag gebracht, wirst du nicht mehr verlangen, daß zu allem
dem, was jene Begnadigten so schön voraushaben vor dem
gemeinen Los der Sterblichen, sie nun auch noch frei ausgehen
sollen bei der Vertheilung des Unglücks, das in dieser aus
Geist und Sinnlichkeit gemischten Welt nun ein mal der
Menschheit nicht erspart werden konnte. Nein, in jener scheinbar
blinden Vertheilung der Uebel auf alle, auf Gute und Böse,

auf Gerechte und Ungerechte, in diesem unbarmherzigen Walten
des Naturgesetzes, nach dem das Unglück just so niederfällt,
wie diese Mischung von heilsamen und zersetzenden Kräften es
mit sich bringt, in ihr dürfte noch immer weit mehr Gerechtigkeit sein als in der Gerechtigkeit, die dein kurzsichtiges Rechtsgefühl in die Welt einführen möchte.

Aber auch aus einem andern Grunde kann Gott das Band
der Gemeinschaft nicht lösen, das unter den Menschen zu gemein-
samem Antheil am Unglück geschlungen ist. Das gemeinschaftliche
Erbtheil der Menschheit verflicht mit Recht alle in ihr Geschick,
„weil sie alle gesündigt haben".

In der That ist keiner, der nicht seinen Antheil an der
allgemeinen Sünde zu verantworten hätte. Von allen, die selbst
dafür halten, ungerecht vom Himmel behandelt zu sein, und
denen weiche Seelen es bezeugen, daß ihr Antheil am allgemeinen Jammer der Menschheit ein unverhältnißmäßiger sei,
wird dennoch keiner behaupten wollen, daß nicht auch er sein
Scherflein beigetragen habe zur allgemeinen Last der Sünde.
Wer wollte es beabreden, daß schon in dem Kreise, der unmittelbar von uns abhängig ist und für den wir zunächst verantwortlich sind, ein weit höherer Grad von Glück verwirklicht
sein würde, wenn wir wirklich so wären, wie wir sein sollten,
wenn wirklich jeder das Vorbild darstellte, zu dem er berufen
ist? Aber da sündigt der eine durch Schwäche, der andere
durch Härte, der eine will zu viel, der andere zu wenig, und
die meisten wissen überhaupt nicht, was sie wollen, und so
geschehen zu jeder Stunde hundert Dinge, die beweisen, daß
wir unfähig sind ein reines Glück auf Erden zu gestalten. —
Aber welchen weitern Antheil an der allgemeinen Schuld der
Sünde sollen wir uns da noch erwerben? Welche weitere
Schuld soll die göttliche Gerechtigkeit noch abwarten, um uns

dem gemeinen Los der Menschheit zu unterwerfen? Ist der Vorwurf nicht hinreichend, daß wir just da nichts taugen, wohin sie uns gestellt hat, daß wir eben das nicht leisten, was sie gerade von uns verlangt? Ist das nicht Beweis genug, daß wir unter ungünstigern Bedingungen noch weniger taugen und leisten würden? Darum hat die Vorsehung mit Recht nicht an jedem seine Sünde heimgesucht, die, je nachdem er Glück oder Unglück hatte, kleiner oder größer ist, sondern an jedem die Schuld der ganzen Menschheit. — Es ist wahr, du hast die Ueppigkeit, Parteisucht und sittliche Verworfenheit nicht verschuldet, durch die eine ganze Nation in unsern Tagen heil-loses Unglück über sich und noch Unheil genug über uns gebracht hat — aber wie oft hast auch du dem leeren Glanz und Schein, dem hohlen Ruhm und kecker Unsitte gehuldigt! Wie oft hat dir der rechte Zorn gegen die Sünde gefehlt, und du warst nicht entrüstet, sondern hast neugierig mit ihr geäugelt. Aber was heißt das anders als, wir sind es freilich nicht, die das große weite Erdenrund mit Unkraut besäet haben, aber in dem kleinen Gärtchen, das unserer Pflege anvertraut war, ließen wir es wachsen. Wir sind es nicht, die alles Ungeziefer ausgebrütet, aber es auszurotten schien uns viel zu mühsam. Nun so klage auch nicht, wenn der böse Samen von draußen hereinweht und das Ungeziefer bald aus allen Ritzen hervorkriecht — denn mehr haben die andern auch nicht verbrochen, ihre Felder waren nur größer oder schlechter gelegen. Wäre dein kleiner Ort, der nie zur Weltstadt werden möge, der Tummelplatz des Welttheils, das Verderben hätte deine Brust nicht besser ver-schlossen gefunden als die Herzen derer, die du die Bürger Babels, der Sündenstadt und wie sonst noch nennst. Die der Thurm von Siloah gestern und ehegestern begrub und die Pilatus hinwürgte über ihren Opfern, sie waren nicht schlechter

als alle andern Bewohner Jerusalems, nicht verantwortlicher
als alles Volk Galiläas, und wenn nicht alle die Schuld be-
zahlen, so sprich nicht von Gerechtigkeit, sondern preise die
Gnade! Und wenn gar viel unschuldiges Blut mit vergossen
ward und die Vorsehung mit eisernem Schritt über das Glück
von Tausenden wegschritt, so halte nur daran fest, daß ihre
Unschuld Glück genug für sie war. Sollte das zufällige Maß
von Sünde, was einer füllte, entscheiden über sein Los, die
Vorsehung wäre nicht gerechter, sondern zwiefach ungerecht.
Jeder war schwach an seinem Orte, und so ist es billig, daß
auch jeder mit trage an der Strafe des Ganzen.

Indessen, es ist doch auch im Einzelnen viel mehr Gerechtigkeit in der Welt, als einem oberflächlichen Blicke erscheinen
möchte, sobald wir nur auch in diesem Einzelnen wieder das
Ganze ins Auge fassen. Nicht alles, was unser menschliches
Rechtsgefühl eine schreiende Beleidigung nennt, entbehrt der
Gerechtigkeit, sobald wir dieselbe nur nicht im einzelnen Momente,
sondern im Gesammtverlauf der Entwickelung suchen. Wenn
du freilich, so oft ein zudringlicher Marktschreier sich an der
Stelle des wahren Verdienstes breitmacht, erwarten willst,
daß die Stimme des Volks als Gottes Stimme ihn herunter-
reiße, ja dann wirst du oft lang warten können, und ich fürchte,
du wirst statt dessen weit öfter erleben, wie der Abenteurer von
Erfolg zu Erfolg eilt und die Welt nicht ihn, sondern dich be-
lächelt. Und wenn du wie Jonas dich vor die Thore von
Niniveh setzest und warten willst, ob sie am Abend gestraft
werden, weil sie am Morgen gesündigt haben, dann mag es
wol kommen, daß dein eigen Kürbißdach unter der Glut der
Sonne zusammensinkt, während die Niniviten sich ihrer kühlen
Paläste freuen. Denn die göttliche Gerechtigkeit ist nach des
Apostels Wort langmüthig. Sie schaut zu und wartet und

läßt uns gewähren. Sie warnt und warnt und läßt es oft
bei dem Warnen bewenden. Sie braucht die plötzlichen Ein=
griffe nicht, denn sie hat die Welt zuvor so eingerichtet, daß die
Strafen sich mit den Sünden entwickeln. Entwickelung ist das
Gesetz alles zeitlichen und sittlichen Lebens. Es fällt der Baum
nicht vom Himmel, sondern von der Eiche fällt der Kern,
langsam löst sich die Schale und aus unscheinbarem Keim wächst
Blatt und Zweig und Ast und Stamm. Nicht anders ist es
in der sittlichen Welt. Die Tugend ist nicht auf einmal da.
Es sind zuerst nur leise, unscheinbare Regungen, die das wohl=
geartete Kind von dem fehlerhaft angelegten unterscheiden.
Es ist dann ein unbewußtes Wohlgefallen am Guten, das die
Jugend mit rührender Anmuth kleidet, es ist endlich der sichere
Blick des reifen Menschen, der das Widersprechende sichtet, das
Rechte wählt, und so findet sich jener dauernde Anhalt an dem,
was oben ist, jene Gewohnheit des Guten, die wir Tugend
nennen. — Auch die Sünde ist nicht auf einmal da. Es ist
zunächst nur eine Unentschiedenheit und Schwäche, die das Bessere
möchte, doch die Mühe scheut, die das Böse so lang um sich
duldet, bis sein Reiz unwiderstehlich geworden ist, und dann noch
wie viel Mittelstufen bis zur offenen Schuld und Schande, bis
hinein in den Abgrund der Sünde, der selbst wieder bodenlos
ist. Und auch die Strafe ist nicht auf einmal da. Sie ist
zunächst nur ein unbefriedigter, haltloser Zustand, dem kein
äußerer Erfolg genügt, weil die innere Stimme kündet, daß er
unverdient sei. Es ist dann ein ängstliches Haschen nach dem
und jenem, das immer wieder in nichts zerfließt. Aber immer
mächtiger regen sich nun die bösen Triebe. Jetzt möchte der
Sünder zurück, aber er kann nicht mehr, seine Leidenschaften
sind seine Plagegeister geworden, sie sind der Wurm, der nicht
stirbt, das Feuer, das nicht erlöscht, die Strafe ist da, die

Trübsal und Angst, die Gott verhängt hat über alle Seelen
derer, die Böses thun. Von diesem Gesammtverlauf der
Gerechtigkeit, die sich auf das ganze Leben bezieht, und nicht
in jedem einzelnen Moment sich ans Tageslicht drängt, hat
unser blödes Auge keine Ahnung. Wir sehen den stolzen Baum
und wissen nichts von dem Wurm, der bei Tag und bei Nacht
im Innern nagt. Der Windstoß erst, der den morschen Stamm
niederstürzt, bringt es an den Tag, wie das innerste Mark
zerfressen war, und dann stehen sie wol und wundern sich über
die Verwesung, die Fäulniß und den Moder, die niemand geahnt
hätte hinter den lustig grünenden Zweigen. So sehen wir
lächelnde Mienen und hören heitere Worte, aber wer ahnt,
was hinter dem bunten Vorhang vorgeht, und wenn dann ein
Unglücklicher, für den die innere Lebensmöglichkeit aufgehört
hat, plötzlich seinem Leben ein Ziel setzt — was bekanntlich
öfter in glänzenden Verhältnissen geschieht als in ärmlichen —
dann geht auch dem Blödesten ein Licht auf, welch furchtbarer
Jammer, welche nagenden Schmerzen den innern Menschen
durchwühlten, und dann fragen sie endlich: was muß alles vor-
angegangen sein, ehe dieses Letzte, Schreckliche möglich war?
Auf das ganze Leben, auf das innere Leben sammt dem äußern,
auf den Anfang sammt dem Ende bezog sich die göttliche
Gerechtigkeit und wir hätten ihre Wirksamkeit nicht bezweifelt,
wenn nicht unser Wissen Stückwerk und unser Weissagen Stückwerk wäre.

So möge denn auch niemand reden von dem Glück un-
würdiger Familien oder der Ungerechtigkeit der öffentlichen Zustände. Der äußere Glanz und Schein entscheidet nichts und
die Meinung der Menge entscheidet auch nichts. Auf den Kern
der Dinge kommt es an, ob er bitter oder süß sei, und das
weiß nur der, der ihn versucht hat. Der Unfriede und die

Entzweiung in einem sündigen Hauswesen, die Kälte und Lieb=
losigkeit, mit der die Familienglieder sich begegnen, die doch
dazu geschaffen sind, sich das Leben zu erheitern und sich zu
beglücken, die durch Liebe und Treue sich einen Himmel auf
Erden schaffen könnten, dieser Haber und Verdruß, diese Mis=
gunst und Mistrauen, bei dem sie zuletzt alle traurig sich ab=
schließen und einsam verlorene Wege gehen, sie ist mehr als
alles äußere Unglück eine Sündenstrafe, in der sich eine furcht=
bare Gerechtigkeit erweist, wenn auch die Kinder der Welt sie
nicht sehen mögen. Anders ist es denn auch nicht im öffent=
lichen Leben. Ob es allemal der Beste sei, dem die öffentliche
Meinung zujauchzt, und ob der viel schlechter sei als jener
Beste, den sie verurtheilt, das wird dir vielleicht um so zweifel=
hafter werden, je länger du diesem Treiben zuschaust. Aber der
Streit selbst und der Zank, der sie entzweit, unterliegt voll=
kommen gerechten Gesetzen. In den feindseligen Absichten und
bösen Vorsätzen, mit denen sie einander zu schaden suchen, in
den Vorwürfen, die sie sich ins Angesicht werfen, da jeder meint,
er stehe ein für die ewige Gerechtigkeit — ja da stehen sie
auch ein, nur anders als sie meinen, da ist jeder ein Büttel
der ewigen Gerechtigkeit und zumeist an sich selber. Hat dann
aber die Sünde gar alle vergiftet, hat die Familie die Gemeinde
angesteckt und diese den Staat in Fäulniß versetzt, dann kommen
jene Tage der Offenbarung des gerechten Gerichtes Gottes.
Dann trägt der Krieg die Brandfackel von Volk zu Volk, von
Haus zu Haus, und dann wird auch dem Blödesten klar, welche
Saaten zu welchen Ernten reifen. Das sind denn auch die
Kinder der Welt schon gewöhnt, Gottes Strafgerichte zu nennen,
und in solchem Sinn hat schon euerer Poeten einer gesagt: die
Weltgeschichte ist das Weltgericht.

Aber auch noch in einem letzten Sinne bezieht sich die

Gerechtigkeit Gottes auf das Ganze. Sie hat ein Ziel im Auge. Sie will etwas mit der Menschheit. Sie will die Welt erziehen, zur Besserung leiten, dieses Reich streitender Kräfte läutern zum Gottesreich.

Fürwahr, die Welt hat doch noch einen höhern Zweck und eine tiefsinnigere Bedeutung als die, Glück oder Unglück zu gleichen Scheffeln an eintägige Menschen zu vertheilen. Das Los des Einzelnen hat überhaupt nur eine Bedeutung, soweit es dem Ganzen dient, so weit es mitwirkt, die heilsamen End= zwecke Gottes an seiner Welt zu verwirklichen. Es soll der Einzelne leiden, es soll der Unschuldige leiden, es soll auch schreiendes Unrecht geschehen in der Welt, damit der Jammer der Sünde den Menschen gellend in die Ohren falle und sie aufrüttle aus ihrem Sündenschlaf. Dazu mußt du leiden, unschuldiges Kind, das die Welt mit nichts gekränkt hat, damit dein Wimmern den Sünder fort und fort verfolge und ihm sage, daß die süßesten Sünden die bittersten sind. Dazu mußt du deine Nächte durchweinen, unglückliches Herz, damit deine Thränen brennend auf die Seele des Sünders fallen und die schrecken, die leichtfertig spielen mit fremdem Glück. Dazu müssen Tausende und Tausende zu Grunde gehen, damit der ganze Fluch der Sünde schaudernd offenbar werde. Mit ihren Thränen, ihrem Herzblut muß die Unschuld den harten Boden der Menschheit lockern, damit Gottes Saat wachsen möge. Darum mußtest auch du leiden auf Golgatha, Herr und Meister, an dem keine Sünde erfunden ward und war kein Trug auf deinen Lippen! Gelitten, geduldet, geblutet habt ihr alle, damit kommende Geschlechter reiner dastehen könnten vor Gott, daß eine bessere Menschheit werde und Gottes hohe Zwecke an der Welt sich verwirklichen. Denn die Gerechtigkeit Gottes bezieht sich auf das Ganze. Erziehen wollte sie die Menschheit durch eure Thränensaat, nicht euch züchtigen. Die Welt hatte sie im Auge, und eure Thränen, eure Seufzer waren dazu nicht minder nöthig als der Jammer derer, an denen ihre eigene Sünde heimgesucht ward. Aber wir scheiden getrost von euch allen, die ihr unschuldig gelitten habt, denn solange einer an Gerechtigkeit geglaubt, hat er auch geglaubt, daß es eine Ver=geltung gebe, die nicht in dieser Zeitlichkeit liegt, hat geglaubt an eine höhere Welt, ohne welchen Glauben ja alles übrige doch nur ein ewig leeres und trostloses Gerede bliebe.

Auf das Ganze mußt du schauen, auf ein Hier und Dort, so wird das Einzelne dir nimmer weh thun. Nur in den Niederungen des Lebens ist Zweifel, Unruhe, Widerspruch und Kampf. Auf seinen Höhen gleicht sich alles aus.

Schwing dich empor über den engen Standpunkt deines eigenen Seins, beziehe dich selbst auf das Ganze mit deinem Odem, Leben und Glück, dann wird dir der Sinn des Ganzen aufgehen, aus dem heraus sich manches erklären, vieles recht=fertigen und alles tragen läßt.

Die stille Arbeit Gottes.

1 Kön. 19, 1—13.

Es ist eine der tiefsinnigsten und trostreichsten Zusicherungen der Heiligen Schrift an uns schwache und eintägige Menschen, daß wir Gottes Mitarbeiter seien. Denn in ihr liegt die Verheißung, daß das, was wir wirken und schaffen, nicht umsonst gethan sei, sondern daß es aufgehoben bleibt in der großen Arbeit Gottes an seiner Menschheit; daß, was wir binden und lösen auf Erden, im Himmel gebunden ist oder gelöst; daß der Stoß fortwirkt, auch wenn der Arm erlahmte, der ihn führte; daß das Gethane gethan bleibt, auch wenn der Arbeiter eingegangen ist zur ewigen Ruhe. Denn dessen Arbeit steht ja nicht still, der uns würdigte, seine Mitarbeiter zu heißen.

Freilich kommt dabei alles darauf an, daß unsere Arbeit auch wirklich in seinem Sinne gethan sei und seinen ewigen Zwecken diene. Denn es gibt auch eine andere Arbeit, die die Wahrheit aufhält durch Ungerechtigkeit, oder eine solche, die sich als Holz, Heu und Stoppel erweist und die ihren Lohn dahin hat. Auch ist es gar nicht so ganz leicht zu erkennen, an welchen Baustellen denn Gott mitarbeite bei dem Aufbau seines ewig herrlichen Reiches, und welches die Bauplätze seien, wo nur Menschenhände die Bausteine durcheinanderwerfen und

4*

der menschliche Dünkel seine eigenen babylonischen Thürme auf-
richtet! Der Irrthum darüber ist sogar einer der allergewöhn-
lichsten. Denn eben dort, wo am lautesten geredet, am zornig-
sten geeifert, am heißesten gestritten wird für den Namen Gottes,
da ist Gott der Regel nach nicht, nur daß wir darin ewig
Kinder bleiben, daß wir Gottes Wirken stets dort suchen, wo
die Menschen am meisten Staub aufwerfen. Denn es liegt
nun einmal in dem Lärm des öffentlichen Lebens so viel
Imponirendes, daß der Einzelne leicht meint, dort, wo das größte
Getöse erregt wird, werde auch über die Geschicke der Menschheit
entschieden. Aber während der Irrthum der Gegenwart die
als Kämpfer der Freiheit und des Fortschritts verzeichnet, die
die trunkenen Massen erhitzen, entscheidet eine spätere Zeit, daß
für Freiheit und Fortschritt nur die wahrhaft gewirkt haben,
die in stillen Schulstuben das junge Geschlecht für Zucht und
Sitte und Frömmigkeit erzogen, oder in enger Dachkammer
weltumwandelnde Gedanken und Erfindungen dachten oder in
unscheinbarer Wirksamkeit den Sinn für Recht pflegten und
unbestochene Gesetzlichkeit. Und während die Obersten dieser
Welt schon seit den Tagen Jesu sich in leidenschaftlicher Aufregung bestreiten und bekämpfen und beschimpfen unter dem
Vorwand der Religion und Sittlichkeit, entscheidet eine spätere
Erfahrung, daß beide nur dort gerettet wurden, wo es Männer
gab, die ihr besseres Sein aufsparten für ihren Beruf und
das Heiligthum ihrer Familien, und Frauen, die sich schon zurück-
zogen von allem, was draußen auf dem Markte des Lebens
verhandelt wird.

Es gehört allerdings eine gewisse Reife dazu, das einzu-
sehen, und sie kommt den meisten erst dann, wenn sie von dem
endlosen Getriebe draußen erschöpft sind und sie es müde wurden,
immer neue Kartenhäuser aufzubauen, nachdem alle frühern

zusammenstürzten. Unser Text redet von einem eigenthümlichen Beispiel solcher Erfahrung. Elias, der gewaltigste unter den Propheten, hatte den Kampf aufgenommen gegen den abgöttischen Königshof von Israel. Kämpfe entbrannten, gegen die gehalten die unsern ein Kinderspiel sind. Greuelvolle Thaten wurden begangen auf beiden Seiten. Die Propheten Jehova's bluteten vor den Altären Baal's, Elias, Meister geworden, schlachtete seine Gegner am Bache Kison. Aber auf den Sieg folgen neue Niederlagen. Als Flüchtling finden wir den Propheten in einer Kluft des heiligen Berges Horeb und er denkt der Wechselfälle seines Lebens, wie er geeifert für den Bund Jehova's, wie die Altäre Baal's bald zerbrochen, bald wieder aufgerichtet wurden, und wie der Feind jetzt wieder triumphire mit großem Prangen und starker Macht. Da ward ihm ein Gesicht, das ihm offenbaren sollte, welches die rechte Art sei, das Gottesreich zu pflanzen. Der Herr ging vorüber und ein großer starker Wind, der die Berge zerriß und die Felsen zerbrach vor dem Herrn her. Der Herr aber war nicht im Winde; nach dem Winde aber kam ein Erdbeben, aber der Herr war nicht im Erdbeben. Und nach dem Erdbeben kam ein Feuer und nach dem Feuer kam ein stilles sanftes Sausen. Da verhüllte Elias sein Angesicht und wir verstehen, welche Erkenntniß in diesem Augenblick durch seine Seele ging. Es ist die, auf die auch wir heute unsere Aufmerksamkeit richten wollen:

Daß die Arbeit Gottes eine Arbeit sei in der Stille. Vernehmet die Wahrheit, die Lehre, den Trost dieser Kunde!

I.

Was war es, was Elias bewegte, als er sein Angesicht verhüllte vor dem Herrn, der nicht im Sturm und nicht im Feuer gewesen, sondern im stillen, sanften Sausen?

Doch wol die Erkenntniß, die ihm aufging, daß das Reich Gottes nicht mit Brand und Blut solle gegründet werden, sondern durch Glaube und Frömmigkeit, daß der Herr nicht einzukehren pflege im Getöse und Lärm der Leidenschaften, sondern daß die stille, unscheinbare Wirksamkeit der Liebe ihm die Wege bereite. Daß der, der sein eigen Walten den leise gleitenden Wassern Siloahs verglich, auch von seinem Knechte verlange: „Er soll nicht schreien, noch rufen und seine Stimme soll man nicht hören auf den Gassen."

Und ist nicht Gott wirklich nachmals auch in Israel dieses leisen Weges gewandelt? Der Gott, für den Elias gekämpft, geblutet, gewürgt — er hat gesiegt über die Altäre Baal's, aber wahrlich nicht durch die Blutströme, mit denen sein Prophet die klaren Fluten des Kison färbte! Nicht das Brausen sieg= reicher Heere, noch das Winseln unterworfener Feinde kündigte ihn an, und keine flammenden Altäre auf der Höhe bezeugten seinen Sieg. Als er für immer, unwiderruflich und in voller Majestät Einzug hielt in den Herzen Israels, da war der Tempel eine rauchgeschwärzte Ruine, da war das Heilige Land eine Wildniß, in der die wilden Thiere hausten, da war das Volk der Ver= heißung gefangen und hatte seine Harfen aufgehängt an den Weiden Babylons. Damals, als jeder äußere Glanz gewichen, als Israel vernichtet war, ein zertretener Wurm, als nur noch Baal's Altäre standen und in dämmernder Ferne die Berge lagen, von dannen die Hülfe kommt, damals ging es wie ein stilles sanftes Sausen durch die Herzen des Volks und ein Ezechiel sah, wie es sich regte in den Todtengebeinen. Damals, als es keine Schlachten für Jehova mehr zu schlagen und keine Könige mehr zu stürzen gab, hielt Israel Einkehr in sich selbst und lernte den Gott erst kennen, für den es zuvor nur gekämpft hatte. In der fremden Steppe, unter den ewigen Sternen

Chaldäas offenbarte sich der Ewige, der den Himmel ausspannte wie ein Florgewand, vor dem die Völker sind wie ein Tropfen am Eimer und dem Staube werden gleichgeachtet. Dem geknechteten Israel stand zum ersten mal in voller Größe sein Beruf vor der Seele, ein Lehrer der Völker zu sein, ein Licht für die Heiden, und das neue Jerusalem offenbarte sich ihm, das oben im Himmel ist, als das irdische in Trümmern lag. Mancher Sturm war dahingebraust vor dem siegreichen Juda, nicht einmal blos hatte die Erde gebebt unter dem Fuße seiner Heere und ein fressendes Feuer war Israels Schwert in die Heere der Feinde gefahren, aber der Herr war nicht im Sturm und nicht im Feuer, er war in dem leisen, sanften Wehen, das fromme Herzen berührte, die stille waren zu ihrem Gott. Sie waren es, die Baal überwanden und ein Licht anzündeten in der Völkerwelt.

Und fort und fort hat sich ewig dasselbe wiederholt. Auch damals, als das Heil gekommen war, dessen Israel harrte, auch damals lebte ein Volk, dessen Herz nicht minder stürmisch als das des Elias dem Herrn entgegenschlug, ob er nicht endlich steuern wolle dem Pochen der Heiden. Nochmals beteten sie: O daß du herniederführest, daß Berge vor dir erzitterten! Nochmals träumten sie den Traum der jüdischen Weltherrschaft. Aber Gott war nicht in dem heiligen Lärm Jerusalems, wo sie eiferten um ihren Tempel, er war an den stillen Wassern des Genezareth, wo Jesus sprach: Lasset die Kindlein zu mir kommen, wo der Herr rief: Kommet her zu mir, die ihr mühselig und beladen seid. Und der Lärm verrauschte und das Toben verstummte, aber die sanfte Stimme vom See schwoll an und schwoll an und klang durch alle Jahrhunderte und predigte allen Völkern. Vor ihm warf der stolze Sohn des Nordens sich in den Staub, er durchdrang das verweichlichte

Geschlecht des Südens mit ungewohnter Kraft, und es war bald kein Dorf, keine Hütte, ja kein Felsengipfel, wo nur der einsame Pilger eine Fußtapfe zurückzulassen vermochte, den nicht ein Heiligthum, ein Kreuz oder ein Denkstein schmückte zur Erinnerung an sein Leben, an seine Leiden, an seinen Sieg. Und doch war dieser Sieger so leisen Schritts durch seine Zeit gewandelt, daß auch nicht einer der Geschichtschreiber, nicht einer der Weisen und Staatsmänner seiner Zeit diesen Schritt vernahm oder von dem Leben oder Sterben dieses Mannes Zeugniß gäbe.

Es wäre eine weite Rede, wollten wir euch ferner vors Auge stellen, wie auch in der Christenheit die gleiche Erscheinung sich wiederhole, wie auch hier die Besten ihre Stimme nicht erhoben auf der Gasse, und wie stets dem stillen Glauben der Sieg ward, der die Welt überwunden hat, wie Gott auch hier nicht wandelte vor den Feuerschlünden der Religionskriege, sondern durch die stillen Hütten der Frommen, die sein Wort lasen und seine Lieder sangen; aber es bedarf dessen nicht, denn ihr zweifelt nicht mehr an der Wahrheit des Satzes, daß Gottes Wirkungen stille Wirkungen seien, die die Herzen in der Tiefe bewegen.

II.

Aber die Wahrheit des Satzes eingesehen zu haben, ist das genug? Liegt nicht auch eine Lehre in dieser Wahrheit, die unter uns auszusprechen keineswegs überflüssig ist?

Der Lehre freilich, daß das Gute nicht durch Blutvergießen komme und der Krieg unter allen Umständen ein menschenschändendes Handwerk sei, der könnten wir wol entrathen. Denn wenn auch eure Weisen eben wieder dabei sind, die tiefern Gründe zu suchen, warum der Krieg der Menschheit unentbehrlich, ja eine Erfrischung und Wohlthat, warum er gewisser-

maßen eine heilige Handlung sei, und wenn auf der andern
Seite eine Frömmigkeit, die mehr an ihre Altäre als an ihren
Gott denkt, mit erstaunlicher Gelassenheit von dem Sieg der
wahren Kirche auf künftigen Schlachtfeldern redet, so hoffen
wir doch, beide werden vergeblich rufen: Baal erhöre uns!
Aber nicht sie allein sind in dem Irrthum des Propheten be-
fangen, daß der Sieg des Guten draußen zu schaffen sei auf
dem Markte, sondern es ist das gemeinsame Bekenntniß dieser
Zeit, daß Gott siegen müsse durch Rechte und Freiheiten, durch
Gesetze und Einrichtungen, und alle wollen sie das Reich Gottes
errichten wie einen Staat. Seit unvordenklichen Zeiten arbeiten
sie daran, die Welt zu einem wohnlichen Hause umzugestalten,
das Uebel, das Unglück aus ihr zu vertreiben. Aber wie viele
Köpfe auch darüber nachgedacht, wie viele Hände daran gearbeitet, wie viele Menschen sich daran abgemüht haben, immer
führten ihre Wege hinaus auf den Markt, immer griff man
zur Streitaxt des Propheten, immer schauten sie sich um, wo
doch der Bach Kison fließe, in den sie die Gegner stürzen könnten.
Seht, das ist der Grund, warum bei dem tausendjährigen
Geschäfte des Lebens so wenig herausgekommen ist. Das ist
der Grund, warum sie immerdar streiten und niemals siegen,
warum sie immerdar reden und können es doch zu keinem Ziele
bringen. Das war der Grund, warum die Kämpfer schließlich
alle erlahmten und hingestreckt in den kümmerlichen Schatten
irgendeines Wachholder baten, daß ihre Seele stürbe, daß sie
alle schließlich mit Elia sprachen: Herr, nimm hin meine Seele,
ich bin nicht besser als meine Väter!

Da thut es denn doch noth, sich wieder darauf zu besinnen,
daß ganz gleichviel, ob diese oder jene Einrichtung passend oder
unpassend, daß ganz gleichviel, ob diese oder jene Form des
öffentlichen Lebens wünschenswerth oder verwerflich, das Glück

der Welt in seinem letzten und tiefsten Grunde auf ganz andern
Dingen beruht; daß es nicht abhängig ist von dieser oder jener
Frage, die die Gemüther erregt und die Parteien erbittert, und
nicht geschaffen wird mit allerlei äußern Rechten, Gesetzen und
Freiheiten, die um jeden Preis erkämpft werden müßten, sondern
daß nur der die Zustände dauernd bessern wird, der zuvor die
Menschen besser zu machen vermochte. Ein Staat mit den
besten Einrichtungen und Gesetzen, aber mit einem verbitterten
Volke, mit zerspaltenen Gemeinden, mit vergifteten Gegensätzen
wird dennoch der schlechteste sein, und eine Kirche mit der reinsten
Lehre oder den größten Freiheiten, aber voll Hader und Zank
wird von dem Herrn, den sie anruft, keinen andern Bescheid
erhalten als: Ich habe euch noch nie erkannt, weichet von mir,
ihr Uebelthäter! Denn nach innen wies der Herr die, die das
Gottesreich suchen, nach innen wies er seine Propheten.

Aber diesen Weg nach innen — haben wir ihn nicht von
Jahr zu Jahr mehr vergessen? Wir wollen Gottes Wege
ebnen draußen, in der Gemeinde, im Staat, in der Welt
überhaupt, nur nicht unter unsern eigenen Freunden, nur nicht
in unserm eigenen Hause und am wenigsten in unserm eigenen
Herzen. Seit wann sind wir uns doch selbst so wenig wissens-
werth geworden, daß unsere Gedanken nur immer draußen
umhertreiben in den Strudeln des Augenblicks? Es ist nicht
immer so gewesen, sondern mich will dünken, als ob noch gestern
und ehegestern mehr Sammlung, mehr Einkehr in sich selbst
und mehr Andacht geherrscht hätte und als ob das Jagen nach
außen zunähme von heute auf morgen.

Wo ist sie doch geblieben die Zeit unserer Väter, die sich
noch Rechenschaft gaben von ihrem innern Leben? Die Zeit,
in der der Mann die Empfindungen seiner Jugend heilig hielt
und der Greis es noch der Mühe werth achtete, die Stunden

zu verzeichnen, in denen der Finger Gottes ihn berührte? Die
Zeit, in der die Jugend ihre Gebete hatte und ihre Vorbilder,
wo sie in der Schrift sich bezeichnete, was sie innerlich getroffen,
und noch in den Heldenbüchern las von großen Männern?
Dafür freilich wissen sie heute ein Anderes. Sie kennen die
Götzen, die der Augenblick emporträgt, und die morgen werden
vergessen sein. Sie wissen, was der Staatsmann gesagt und
der Volkstribun gedonnert hat, sie sitzen zu Gericht über alle
Fragen der Gesellschaft, und ihr jugendfrischer Mund wiederholt
die greisenhafte Weisheit, die niederfloß von den abgenützten
Lippen eurer Volksredner. O ihr Väter! ihr Mütter, wäre
es da nicht hohe Zeit, euern Söhnen zu sagen und wieder zu
sagen, sie sollten Gott nicht suchen in dem Sturm des Partei-
streits, in dem Erdbeben politischer Kämpfe, in den Feuern und
Feuerchen, die der Gott dieser Welt heute hier und morgen
dort anzündet, sondern in ihrer eigenen jungen Brust? Dort
sollen sie ihm einen Tempel weihen, ausschmücken sollen sie
diesen Tempel mit den Bildern aller Heiligen und Edeln, deren
die Welt nicht werth war, und sollen es andern Propheten über-
lassen, gegen die Völker und die Königreiche zu reden. Und
wir selbst, Geliebte, wollen die Pforten schließen gegen den Lärm
der Straßen, aber das Thor unsers Herzens weit aufthun
für den heiligen Geist, der im Stillen schafft und aus Liebe
und Treue, aus Freundschaft und Tugend, aus Glaube und
Frömmigkeit auch hier schon ein Gottesreich wirken möchte.
Hast du einen Hauch dieses Geistes in dir verspürt, dann wirst
du frei sein in jedem Staat, mächtig in jedem Stand, reich in
jeder Lage, selig bei allem, was dich trifft. Diese Nahrung
laß dir reichen durch den Engel des Herrn, und du wirst wandern
kraft dieser Speise vierzig Tage und vierzig Nächte, bis auch
du ankommst auf dem heiligen Berge, wo dir Gott erscheint!

III.

Aber nicht nur eine Lehre und Mahnung, auch ein Trost, sagten wir, liege in dem Inhalt unsers Textes. Kann es uns doch nicht gleichgültig sein, gerade die Seite der Arbeit fürs Gottesreich als die wesentliche bezeichnet zu sehen, an der auch uns ein Antheil möglich ist. Fürwahr, wäre die Arbeit so bestellt, daß das Reich käme durch jene Katastrophen, in denen die Mächte dieser Welt aufeinanderstürmend die Erde erschüttern und die Felsen zerbrechen, dann könnten wir andern die Hände im Schos zuschauen, wie die Großen dieser Erde in den Sälen der Gesetzgebung und auf den Schlachtfeldern des Kriegsschauplatzes dem Recht, der Freiheit, der Tugend eine Stätte schaffen, und die Paragraphen der Verfassungen und der Rauch der Geschütze bildeten dann das Portal, durch das der Messias einzieht. So aber ist uns verheißen, daß die Arbeit des Gottesreichs uns in die Hände gelegt sei, daß, was kein Schwert erfechten, kein Gesetz erzwingen, kein Gefängniß schirmen, keine Verfassung erhalten kann, gewirkt werden müsse von uns. Und ist das nicht ein Trost für uns? Von uns ist keiner auf die Höhen des Lebens gestellt, von da aus anzuordnen, was zum Wohle der Menschen dienen könnte. Wir sind im Strome des Lebens nur eine zerrinnende Welle, und nach einer kleinen Spanne Zeit wird niemand mehr wissen, wer du und ich gewesen. Und das will uns oft recht traurig machen, daß unser Antheil an der Arbeit des Lebens gar so klein und unbedeutend sei. Denn so wurden wir gewiesen und gelehrt, daß nur das wichtig und werthvoll sei, wovon sie reden in der Gegenwart und reden werden in der Zukunft. Und so seufzt wol der eine und andere von uns: Was sollte ich schaffen für das Reich Gottes? Meine Stimme verhallt und mein Wirken verweht. Ich mühe mich ab in tausend Nichtigkeiten und mein Leben hat nicht Sinn und Bedeutung. Wozu also soll' ich aufstehen aus dem Schatten meines Wachholderbaums — ist's doch gleichviel, was ich thue oder lasse? Ja, könnte ich mitsprechen in den Fragen des Tages, könnte ich mich tummeln auf dem Markte des Lebens, dann wüchsen auch mir die Schwingen meiner Kraft — so aber ist's gleichviel, wie ich's treibe, und daran erschlafft meine Seele. Mein lieber Freund, wer du auch seist, du mußt nicht so sprechen. Wer du auch seist, du kannst mithelfen an der großen Arbeit unsers Geschlechts, ja du kannst gerade das thun, worauf alles ankommt. Was die da draußen verhandeln auf dem Jahrmarkt des Lebens, was sie sich bestreiten, widersprechen und endlich doch zugeben; wie sie sich verbinden, entzweien und wieder verbinden; was sie ausſinnen, vorschreiben, abschaffen und wieder einführen; was sie gebieten, verbieten und wiederum zulassen — das ist im Grunde herzlich einerlei und gänzlich gleichgültig für das Reich Gottes. Dazu aber, worauf es allein ankommt, dazu braucht unser himmlischer Vater dich und mich und uns alle. Darauf nämlich kommt es an, daß Glaube und Liebe regiere in der Welt, und nicht auf diese oder jene Form des öffentlichen Lebens. Freiheit wird Tyrannei, wenn die Liebe sie nicht meistert, Ordnung wird Heuchelei, wenn kein Glaube sie trägt. Was willst du dich also grämen, daß du zu klein seiest für das Geschäft, auf das nichts ankommt, wenn du groß genug bist für das Geschäft, auf das alles ankommt?

Wie aber können wir denn schaffen, daß Liebe und Glaube wachse in der Welt? Wenn wir des Kindes Herz vor allem Bösen bewahren, wenn wir des Bruders Fuß vor dem Straucheln behüten, wenn wir des Freundes Blick, der Aeltern Auge erheitern und unser eigen Haus jeder umschaffen zu einem Gottesreich; daraus am Ende der Tage sich das große

Gottesreich Zelle für Zelle zusammenweben wird. Dann haben wir vermocht, wozu nicht alle Weisen und nicht alle Gesetz= geber und Gewaltigen geholfen, wir haben, soviel an uns war, gesorgt, daß eine Hütte Gottes sei bei den Menschen.

Zu diesem Geschäft der Weltverbesserung aber sind wir alle berufen und in solchem Geiste zu leben, zu lieben, zu wirken, das kann uns dann auch nicht mehr erscheinen als eine kleine und enge Sache, wenn wir fühlen, daß wir damit Gottes Werke thun, die im Himmel gethan sind, die der ganzen Menschheit nützen, die helfen, daß der Tag des Guten endlich komme.

Ja meine Freunde, lasset uns das Geschäft nicht gering achten, das unser Herr und Heiland selbst auf der Erde getrieben hat. Die Großen der Welt, die etwas galten in Israel, die stritten damals, ob der Hohepriester herrschen solle oder der König, der König oder der Kaiser? Die Menge theilte sich in Parteien und Völker und ihre Führer waren berühmt in zwei Welten. Unser Herr aber ließ die Kindlein zu sich kommen und segnete sie, und er offenbarte den Einfältigen, was die Weisen nicht zu hören begehrten, und siehe, die Großen jener Welt sind verschollen und vergessen, ihm aber hat Gott einen Namen gegeben, der über alle Namen ist.

Auf solchen Weg weise auch uns, o Gott! Unsere Seele hat ja doch kein anderes Bedürfniß als dich zu finden, als Ruhe zu finden in dir, und seit in dieses unruhige Herz der Riß und die Entzweiung gekommen, haben wir ja doch nur dich gesucht: dich gesucht in den täuschenden Stürmen der Zeit und im leeren Gewühle der Welt, dich gesucht mit wie viel brennendem Schmerz, mit wie viel stechender Sehnsucht, ob wir dich fühlen und finden möchten, und siehe, du bist nicht ferne von einem jeglichen unter uns.

6

Gott in der Geschichte.

Apg. 13, 17—26.

Der Bibelkundige weiß, daß die Predigt der Apostel in
der Apostelgeschichte kaum je einen andern Inhalt hat als den
Nachweis, daß die Geschichte der Väter hinstrebe nach einem
Ziele, das in Christo erreicht worden sei. Er weiß, daß die
ersten Verkündiger des Evangeliums unermüdlich der Gemeinde
Gott in der Geschichte nachzuweisen suchten und daß sie für
Christum vornehmlich darum Glauben verlangten, weil in ihm
alles verwirklicht sei, was den Vätern als Zielpunkt der nationalen
Entwickelung vor Augen gestanden. Es hängt diese Predigt-
weise wol noch zusammen mit der Eigenthümlichkeit der alt-
israelitischen Geschichtschreibung, die alle Thatsachen nur von
dem einen erhabenen Standpunkt zu berichten pflegt, ob sie im
Sinne Jehova's seien gethan gewesen oder im Sinne der
Abgötterei, einer Anschauung, der das Walten Gottes in der
Geschichte ihres Volks so selbstverständlich war, daß alle ihre
Geschichtsbücher nur von Lohn und Strafe zu berichten wissen.
Für uns ist jene Betrachtungsweise mehr in den Hintergrund
getreten. Wir glauben — und nicht ohne Grund — im eigenen
Leben und Schicksal so unmittelbare Zeugnisse von Gottes Liebe
und Macht zu kennen, daß wir sie nicht erst aus den Führungen

vergessener Geschlechter brauchen kennen zu lernen. Dennoch, wenn überhaupt die Vergangenheit einer Erinnerung werth ist, so wüßte ich keinen erhabenern und heilsamern Standpunkt für ihre Betrachtung als den, in ihr Gottes Wege zu suchen und diesen nachzugehen.

Weit zurück in die Geschichte Israels reicht die erziehende Liebe Gottes, von der uns die Heilige Schrift berichtet. Jenseit des Stromes wohnte Nahor, der Vater Abraham's, und Terach, und dienten andern Göttern. Da wirkte der Allwirkende in des edeln Nomadenfürsten Herzen die Sehnsucht hinüber nach dem Lande, wohin die Sonne täglich ihren Lauf beschreibt, und er zog weiter und weiter dem Westen zu und kam durch die Steppe und über kahle Hochebenen endlich zu den grünen Angern, die sich lieblich ausbreiten unter den schneebedeckten Gipfeln des Hermon und Libanon. So hatte der Herr den edelsten unter den Terachiten hinweggenommen aus dem Zusammenhang mit den rohen Völkern am Euphrat, und als Abraham einzog in den blühenden Fluren Kanaans, da ward er sich dessen bewußt, daß wie Jehova keiner sei unter den Göttern, denen seine Väter gedient, und darum vererbte er als theuerstes Vermächtniß seinem Sohne den Glauben an Jehova. Aber wieder sollen die besten unter Abraham's Enkeln ihre eigenen Wege finden, erzogen werden durch eigene Schicksale, um den andern voraneilend sich zu ihren Lehrern zu bilden. Wie Hirten waren die Söhne Jakob's ausgezogen, aber sie fanden mehr als die Weiden des Landes Gosen. Die Pharaonen nahmen sie in ihre Schule, und obgleich seufzend und unter Murren, lernten sie dort gewaltige Bauten aufführen, lernten mit künstlichem Geräth arbeiten, lernten die Kelle führen und den Hammer schwingen. Aus der Nomadenhorde, die bald hier bald dort zu zelten pflegte, ward ein kunstfertiges Volk,

das Aegyptens Kunstformen und Geräthe entlehnte. Aber weiter
auch nichts. Hoch über der Abgötterei Aegyptens, über den
Bildnissen und Gleichnissen stand ihr Glaube, und keine Lehre
hat sich angesichts der Greuel des Götzendienstes so tief in
ihre Herzen gegraben als die: Du sollst dir kein Bildniß
noch Gleichniß machen, weder deß das oben im Himmel, noch
unten auf Erden, noch unter der Erde ist, bete sie nicht an und
diene ihnen nicht, denn ich der Herr dein Gott bin ein eifriger
Gott, der da heimsuchet der Väter Missethat bis ins dritte
und vierte Glied. Als sie das erkannt, da war die Lehrzeit
vollbracht und Jehova nahm Ephraim an seinem Arm, und aus
Aegypten rief er seinen Sohn. Mit ihnen war Jehova's
starke Hand, sodaß ein Mose rufen konnte: Herr, wer ist wie
du unter den Göttern!

Und der zweite Vater seines Volks führte Israel bis an
seine Grenzen. Es erobert sich in langem Kampf eine viel=
umstrittene Stätte, aber der Krieg war ihm eine Schule der
Kraft, darinnen was schwach und verderbt war versank und
daraus das Gute geläutert hervorging.

Als David das Scepter ergriff, hatte er über ein waffen=
tüchtiges Volk zu gebieten, und indem er die Grenzen hinaus=
rückte bis an die Vorberge des Libanon, gab er dem Volke das
Bewußtsein seiner Größe, gab ihm Vertrauen auf Jehova,
gab ihm Glauben an seine Zukunft. Auch brauchten sie diesen
Glauben. Nicht umsonst hatte Gott alles Licht gehäuft auf
die eine Spanne Zeit. Als die Zeiten wieder dunkler und
verworrener wurden, da wendeten sich dann der Gläubigen
Herzen zurück nach den Tagen des Glanzes, da erblühte die
Hoffnung, daß Gott wieder einen senden werde wie David,
einen Davidssohn, der Israel erlöse. Da erblühte die Hoffnung,
die anfangs noch sinnlich und irdisch ein weltlich Reich begehrte,

die aber bald sich läuterte und klärte zu einer jener himmlischen
Hoffnungen, die nie trügen, weil sie sich auf das Ewige
gründen.

Aber nur im Feuer der Trübsal konnte sich diese Läuterung
vollziehen, und wenn an einem Volke, so hat sich an Israel
das Wort bewährt, wen der Herr lieb hat, den züchtigt er.
Abgöttische Könige, heidnische Feinde, ein verstocktes Volk be-
drängten die Knechte Jehova's, und die treusten Propheten erdul-
deten das furchtbarste Geschick. Wie tief muß der Zeiten Noth
gewesen sein, in der ein Jeremia verzweifelnd rief: Verflucht
sei der Tag, an welchem ich geboren, der Tag, an welchem
meine Mutter mich gebar, sei nicht gesegnet! Aber gerade
dieser blutige Kampf war die rechte Schule der Propheten.
Die Leviten schwangen das Rauchfaß und stießen sie aus dem
Tempel, aber nun verkünden sie den Gott, der kein Gefallen
hat an Bocksblut und Fettdampf, dem all des Waldes Gethier
gehört und hätte er daran Gefallen, so wollte er's Zion nicht
sagen. Die Könige stießen sie aus den Städten, verfolgten sie
wie wilde Thiere und schlachteten sie hin. Aber so gehetzt und
gejagt, gezwungen in Einöden und Wüsten sich zu bergen,
schlossen sie sich siebenfach innig an den, dessen Sache sie führen,
und ob sie schon wandern im dunkeln Thale, fürchten sie dennoch
kein Unglück, sein Stecken und Stab tröstet sie, er weidet sie
auf grüner Au und führet sie zu frischen Wassern. Er erquicket
ihre Seele und führet sie auf rechter Straße, sodaß sie nicht
erschrecken müssen vor den Pfeilen, die des Tages fliegen, noch
vor der Pestilenz, die im Finstern schleicht, noch vor der Seuche,
die um Mittag verdirbt. In diesen Nöthen verklärt sich ihr
Glaube zu einer Innigkeit, die er zuvor nicht gekannt, und je
höher die Flammen der Molochaltäre loderten, je mehr Opfer
an den Altären Baal's bluteten, um so reiner und heiliger steht

Jehova ihnen vor Augen, dem kein sündig Wesen gefällt und
dem alles Unreine ein Greuel ist. Als man sie aus dem Tempel
stieß, da beteten sie den Allgegenwärtigen an, als sie verlassen
durch die Lande schweiften, da lernten sie den Allhelfenden
kennen, als die Greuel heidnischen Wesens seine Stätte be=
sudelten, da wollte sich der Heilige ihnen offenbaren. Wie war
der Gott, den sie nach dem Sieg gefunden ein anderer als der, den
sie vor dem Kampf gekannt. Allein noch war die Schule nicht
vollendet. Neue Feinde treten auf den Schauplatz. Aus der
Ferne kommen sie herbei, keiner hatte von ihnen gehört noch
sie gesehen. Da dämmert in Israel eine Ahnung von der
Macht ihres Gottes, der auch jenseit der Berge noch Völker
kennt. Er ist es ja, der Assyrien braucht als Stecken seines
Zorns und die Chaldäer herbeilockt von den Enden der Erde.
Alle Himmel fassen ihn nicht mehr, die Erde ist nur noch der
Schemel seiner Füße.

Aber noch ist ihr Herz getheilt zwischen ihm und der Erde,
noch ist es nicht fest gegen die Versuchung ringsum, noch ist
in der Seele ein Pochen auf äußere Macht und irdisches Ver=
mögen. Da gibt Jehovah zehn Stämme den Heiden preis
und macht Ephraim zu einem Denkmal seiner Rache. Ein
Jahrhundert hat Juda die Brandstätte vor Augen, und es weiß,
was diese Brandstätte bedeutet. So waren die Herzen fest ge=
worden, als der Herr für gut fand, sie in anderes Erdreich zu
pflanzen, und ihren Glauben losschnitt von all den Banden,
durch die er noch mit Stein und Scholle zusammenhing.

In die Steppen Chaldäas war ihnen ihr Gott gefolgt,
aber wie anders war er hier, in der unendlichen Ebene, als
dort in den heimischen Bergen, als er noch im Tempel wohnte
und in der Hütte. Hier thront er über dem Kreise der Erde,
in dem die Bewohner wie Heuschrecken sind, spannt die Himmel

aus wie ein Florgewand, wie ein Zelt zum Wohnen. Vor ihm
sind alle Völker wie ein Tropfen am Eimer, werden dem Staube
gleichgeachtet. Und vor ihm beugen sie sich in Demuth, und
sie denken nach über ihre Sünden und die Sünden der Väter,
und sie erkennen seine Gerechtigkeit. Ja ihre Herzen brennen
in Noth und Verzweiflung, und hundert Bußpsalmen ringen sich
los von der gepreßten Brust: „Schaff in mir Gott ein reines
Herz und einen neuen gewissen Geist, verwirf mich nicht von
deinem Angesicht und nimm deinen heiligen Geist nicht von
mir." Und er verwarf sie nicht, nicht die Sündigkeit blos und
Hülfsbedürftigkeit der menschlichen Natur, nicht die Gerechtigkeit
blos und den sindenden Zorn Jehova's, auch die Liebe Gottes
und seine ewige Barmherzigkeit, die ausgegossen ist durch das
ganze Weltall, auch die sollten sie erkennen. Tröstet, tröstet
mein Volk, ertönt der prophetische Ruf, und redet mit Israel
freundlich.

Jehova hat erlöst seinen Knecht Jakob, ruft der Prophet.
Wie lieblich sind doch auf den Bergen die Füße des Glücks=
boten, der Frieden verkündigt, der gute Botschaft bringt, der
zu Zion spricht: Dein Gott ist König!

So kehren sie denn zurück, anders als sie ausgezogen.
Sie sind wie ein Mann, der den Glauben im Unglück bewährt
gefunden, den er zuvor nur im Munde geführt. Hinter ihnen
in wesenlosem Scheine liegt die Versuchung zum Götzendienst.
Jerusalem bauen sie wieder. Die Kelle in der einen Hand,
in der andern das Schwert. Jehova dienen, das ist fortan
des Volkes Trost und sein Glück. So warten sie der Erfüllung
der Verheißung, die die Propheten verkündigt hatten. Diese
Hoffnung stützte die Makkabäer im Kampfe gegen die Syrer und
machte die Scharen eines Juda unwiderstehlich. Sie war es,
die unter römischem Druck dem Volke die Stirn hoch hielt, und

wie die Luft schärfer und schärfer durch die Welt geht, da sollte sie den Funken, der unter der Asche glimmt, die Hoffnung auf den Erlöser, zur lodernden Flamme entzünden. Es war jetzt Zeit, daß Gott sein Wort einlöse, falls es sein Wort war.

Das Volk war alt geworden, das Leben hatte ihm nichts mehr zu offenbaren, es hatte den Sonnenschein gekostet und den Sturm geschmeckt, es hatte auf den Tiefen gesegelt und war auf dem Seichten gestrandet, was das Leben von Gott zu erzählen wußte, das hatte es gehört. Auch aus der Welt hatte es nichts mehr zu lernen. Es hatte Gott erkannt nach seiner Liebe und seinem Ernst, nach seiner Weisheit und seiner Güte. Das Buch war zu Ende, es bedurfte einer neuen Offenbarung. Auch die Stunden des Volks waren gezählt. Die Geschicke nahten ihrem Ende. Die Macht, die alle Welttheile erobert, hatte schon an die Thore des Tempels geklopft und mahnte zum Abschluß.

Aber noch stand die eine große Verheißung aus — und wenn nun wirklich in zwölfter Stunde die Hoffnung der Jahrhunderte sich verwirklicht, wenn wirklich am Ausgang dieser Geschichte der verheißene Weltenherrscher ersteht, wenn nun wirklich gerade jetzt Jesus von Nazareth geboren wird — wer will noch leugnen, daß diese Geschichte einen Sinn, ein Ziel, eine Bestimmung habe? Indem Gott jene Verheißung erfüllt, beweist er, daß er sie verheißen, und er beglaubigt beide zumal die Propheten durch Jesum, Jesum durch die Propheten und sich selbst in beiden.

Wenn überhaupt in der Geschichte Früheres auf Späteres bezogen ist, so war es hier der Fall, und klarer als auf irgendeinem andern Punkte der Weltgeschichte zeigt sich hier, daß, was ein Volk so lange als sein Heiligstes und Bestes im Herzen getragen, nie blos ein leeres Trugbild der Einbildung sei.

Der Verheißene kam. Er kam, um ein König zu sein voll Herrlichkeit, in der Herrlichkeit freilich, die vor Gott gilt. Er kam, um sein Volk glücklich zu machen, aber so freilich, wie dauerndes Glück allein kann geschaffen werden. Er kam, ein Hirte der Völker, nicht dem Aeußern nach, sondern mit jenem Hirtensinn, den es jammerte, als er das Volk sah, verschmachtet und zerstreut wie Schafe die keinen Hirten haben. Er kam mit jener allumfassenden Menschenliebe, die es drängte zu dem Rufe: Kommet her zu mir alle, die ihr mühselig und beladen seid! Er kam in jener Demuth, der kein Zöllner zu gering, kein Sünder zu sündig war, mit der Gottesgewißheit, die da rufen konnte: Ich und der Vater sind Eins!

Er ward Lehrer des Volkes, wie keiner war, denn er weiß alles und hat alles beobachtet, und alles steht ihm zu Gebot: Die stillen Geschichten in Feld und Wald, in Dorf und Stadt. Er hat hineingesehen in das Herz des Pharisäers, und hat in des Zöllners Seele gelesen. Der Witwe Gedanken sind ihm offenbar, und der Kinder Entwickelung liegt ihm am Herzen. Er kennt all die Räthsel des menschlichen Herzens, er weiß ihre Wunden und ihre Heilmittel. Was Gott in langer Erziehung an seinen Vätern erarbeitet, ihm ist's gewärtig und er lehrt es die Söhne. Was er aber lehrt, das hat er auch selbst gelebt.

Obgleich er König sein konnte, ging er daran, in demüthiger Dienstbarkeit den sittlichen Grund der Welt zu legen und ihn zu kitten mit seinem eigenen Blut. Ob er auch wußte, daß er sein Leben würde lassen müssen, er wollte es lassen, auf daß der Welt geholfen würde. So unternahm er den Kampf mit dem Unglauben, der mit Spott und Hohn zu kämpfen gewohnt ist, so unternahm er den Kampf mit der Heuchelei, die noch keinem verziehen hat, und als die Zeit gekommen war, ging er hinauf nach Jerusalem, um sein Leben darzubringen, ein Opfer für alle, erduldete die Welt, bis er sprechen durfte: Es ist vollbracht!

Es ist vollbracht, was die Väter zu erreichen gesucht, was sie in Schwachheit erstrebt, in ihrem Leben Gott sich hinzugeben, die Einheit mit Gott, den rechten Gottesdienst zu finden.

Und wenn wir auch seitdem nicht e i n e n Schritt blos vorwärts gekommen, ist es nicht wieder Gott, der uns vorwärts geführt? Welch weiter Weg liegt zwischen den ersten Tagen der Geschichte, da zuerst wenig geschickte Hände Kunde eingruben in Stein und Erz, daß sie gewesen, daß sie sich unterschieden von den Dingen ringsum, und daß sie wünschten, daß auch spätere ihrer gedächten — und zwischen unsern Tagen, die das Licht des Bewußtseins auch in die letzte Hütte getragen. Hätte wirklich dieser gewaltige Wandel sich vollzogen ohne Gott und all die Propheten und Helden und Könige, an deren leuchtende Namen dieser Wandel sich knüpft, hätten sie es ausgerichtet ohne Gott? Nein, die Guten waren nur seine Schüler, die Starken nur seine Kämpfer, die Weisen nur seine Zeugen! Seinen Geist der Wahrheit, der Kraft, der Liebe wollten sie hineintragen in dieses arme Leben. Er gab den Anstoß, und so ist auch diese geistige Schöpfung entstanden durch Gott.

Zu ihm und durch ihn sind alle Dinge, sagt die Schrift, auch die geschichtlichen. Zu ihm strebte die Vergangenheit. All ihr Ahnen und Wünschen, ihr Ringen und Kämpfen war nur, galt nur dem Unterbau seines Reichs. Zu ihm und durch ihn sind auch wir. Noch ist der Weg nicht vollbracht, und die Menschheit gleicht oft dem müden Wanderer, dem der Stab entsinken will, noch bevor das Ziel erreicht ist. Dann geziemt es wol, zurückzuschauen auf die durchmessene Strecke.

Die beweist am besten, daß auch kleine Schritte weiter führen und das uns der nicht verlassen hat, der Juda am Arme leitete und Ephraim mit Liebesfesseln zog. Der Gott, der die Väter erwählt hat nach seiner Barmherzigkeit, leitet auch die Söhne auf rechter Straße.

Christus.

7

Die Adventshoffnung der Christenheit.

Luk. 2, 25—32.

Es ist bekannt, wie lange Israel auf den ersten Weihnachts=
morgen geharrt hat, gewartet hat auf die Geburt dessen, der
des Volkes Trost und der Heiden Licht sein sollte. Ob aus
Osten oder aus Westen die Völkerwellen es überfluteten, es
spähte unverwandten Blicks hinaus nach dem verheißenen Erlöser.
Geschlecht auf Geschlecht sank ins Grab, ohne das verheißene
Licht erschaut zu haben, aber wie die Väter, so fragten die
Söhne gläubig den Propheten: „Wächter, wie tief in der Nacht?
Wächter, wie tief in der Nacht?" (Jesaia 21, 11.) Sie wußten
Zeit und Stunde nicht und glaubten dennoch, daß es endlich
tagen werde. O, das ist ein schwer, ein unerträglich Ding
so in der Nacht auf den Morgen zu warten und weder Zeit
noch Stunde zu wissen. Wol hört man in der Ferne Glocken=
schlag, aber man kann ihn nicht deuten; wol glaubt man
zuweilen, daß der Himmel sich röthe, daß die Schatten zerflössen;
aber richtet man sich empor, so ist's doch nur wieder die alte
Nacht um uns her. Wie werden da die Augenblicke zu Stunden,
und die Stunden zu Ewigkeiten! Also hat Israel geharrt fast
ein Jahrtausend; ein Jahrtausend sehnsüchtiger Qualen, ein
Jahrtausend quälender Sehnsucht. Gewiß können wir nicht

ohne tiefe Rührung dieser Zeit des Suchens und Hoffens der Väter gedenken. Warum aber erinnern wir uns bei der Feier des letzten Adventstags an eine Zeit, die doch immer nur eine Zeit des Suchens, nicht des Besitzens, eine Zeit der Erwartung, nicht der Erfüllung war? Zunächst gewiß darum, damit wir fühlen, wie glücklich wir sind, da, was Israel hoffte, uns zur Wirklichkeit ward. Aber auch aus einem andern Grunde. Es lag in dieser wenn auch nur gestaltlosen Sehnsucht doch so viel wahrer Glaube, so viel tiefe Religion, mit denen auch wir uns nur immer wieder erfüllen sollten. Zumal da auch wir der vollen Erfüllung der Weissagungen noch zu warten haben, da auch wir auf einen zweiten Weihnachtstag, auf ein zweites Kommen des Messias warten, auf das Kommen seines Reiches. Auch wir hoffen auf einen Weihnachtsabend, an dem alle Völker zu einer Familie sich vereinigen werden, auf einen Weihnachtsabend des Weltjahrs, an dem Streit und Hader ruht und wir alle uns sammeln um die Gaben des einen Vaters, der mitten unter uns als seinen Kindern weilt. Diese Hoffnung ist ja das Schönste im Christenthum, eine rechte Weihnachtshoffnung, die uns jeder Blick in Welt und Leben aufs neue ans Herz legt.

Denn ihr theilet jenen leichtsinnigen Aberglauben nicht, der, geblendet von der gleißenden Herrlichkeit dieser Zeiten, den ungeheuern Abstand nicht sehen will dessen, was die Welt ist, von dem, was sie sein sollte. Wer diese Kluft erkannt hat, der muß sie durch die Hoffnung auf endliche Verwirklichung der uralten Verheißung sich ausfüllen; und so gleicht auch heute noch die Christenheit jenem Simeon, von dem das Evangelium spricht, der ebenso ein Abbild und Gleichniß der Adventshoffnung der Christenheit ist, wie er die Hoffnung Israels in seiner Person zur Erscheinung bringt. Denn auch der Christenheit

ist die Antwort geworden vom Heiligen Geist, sie solle den Tod
nicht sehen, sie habe denn zuvor den Christ des Herrn geschaut.
Auch sie hofft auf die volle Erfüllung jener messianischen Ver=
heißung, die der Menschheit als seliges Angebinde ist in die
Wiege gelegt worden, daß ihr dereinst ein froher Weihnachts=
morgen werde aufgehen. Glückseliges Dasein, dem eine solche
Verheißung ward! Sie genügte, um dem Leben jenes sonst
unbekannten jüdischen Mannes vollen Werth zu verleihen. In
ihr ward ihm ein Unterpfand einer höhern Welt. Sie reichte
hin, um ihn emporzuheben über Tausende, die vor ihm und
mit ihm unter den Palmen Judäas gewandelt sind.

Wie viele Geschlechter der Menschen waren vor ihm dahin=
gegangen über diese Erde auf Bahnen der Finsterniß fürwahr
und des Todes, und auch nicht ein ferner, dämmernder Strahl
eines höhern Lichtes war hindurchgedrungen in das Dunkel
ihrer Seelen. Im trostlosen Kampfe mit den Mächten der Natur,
dahingerissen von den unbändigen Leidenschaften in der eigenen
Brust, eingeschmiedet in ein Sklaventhum, das Leib und Seele
gleichmäßig schändet, sind sie dahingegangen und auch nicht ein
Hauch einer bessern Welt hat ihr Herz berührt, sie sind dahin=
gegangen in dumpfem Dämmerleben, den Thieren vergleichbar.
Und wie viele Geschlechter der Menschen waren nochmals dahin=
gegangen und hatten die Sehnsucht im Herzen getragen als einen
brennenden Schmerz. Sie hatten die Verheißung, aber sie wußten sie
nicht zu deuten. Im Tempel suchten sie Jehova, und der Tempel
ward niedergebrannt. In Judäa sollte das Reich errichtet werden,
und sie saßen an den Wasserbächen Babylons und weinten als
Sklaven der Chaldäer, und ihr Herz brannte in Angst und Ver=
zweiflung, ob denn die Verheißung zu Ende sei und der Herr Israel
verworfen? Und wie viele Geschlechter waren nochmals dahin=
gegangen und trugen die lichte Gestalt des Retters im Herzen,

aber nur mit ungewissen und zweifelhaften Zügen wußten sie sie zu zeichnen. Glücklicher Simeon! Ihm war eine andere Verheißung geworden vom Heiligen Geist — er solle den Tod nicht schauen, er habe denn zuvor den Christ des Herrn gesehen. Ist solche Hoffnung nicht ein Menschenleben werth? Reicht sie nicht hin, ihm vollgewichtigen Werth zu leihen?

Ganz dieselbe Verheißung aber ist es, um deretwillen wir die christliche Gemeinde selig preisen, selig preisen vor Millionen Menschen, die noch zur Stunde dahinleben gebunden an Leib und Seele, und über ihrer Wiege ertönt nicht der Liebesruf: Lasset die Kindlein zu mir kommen und wehret ihnen nicht, denn solcher ist das Reich Gottes! Und über ihrem Leben voll Arbeit, Mühe und Noth ertönt die Stimme nicht: Kommet her zu mir, die ihr mühselig und beladen seid, ich will euch erquicken. Und über ihren Gräbern ertönt nicht der Gnadenruf: Gehe ein zu deines Herrn Frieden! Uns aber ist die Verheißung geworden, daß wir geboren seien für Wahrheit, Liebe und Glück; daß durch uns und für uns solle ein Gottes= reich sich gestalten, in dem Gottes Wille geschieht im Himmel wie auf Erden, ein Reich des Friedens, da nach des Psalmisten Wort Güte und Treue sich begegnen auf Erden, und Gerechtigkeit und Friede sich küssen (Ps. 85, 10.) Eine Zeit, in der die Lose des Lebens freundlicher vertheilt sind, als der Augenblick sie durcheinandergeworfen. Eine Zeit, in der die Unschuld auch glücklich und die Tugend auch geehrt sein wird. Eine Zeit, in der Treue auf Erden wächst und Gerechtigkeit von Himmel dreinschaut. Sagt, ist das nicht dieselbe Verheißung, die durch den Heiligen Geist auch Simeon geworden, dieselbe, die auch unserm Dasein einen göttlichen Inhalt verleiht? Ja, auch wir warten auf den Trost Israels. Noch ist das Reich nicht gekommen, von dem die Propheten geweissagt. Noch ist der

Bau nicht vollendet, deſſen Grundſtein der Heiland gelegt hat.
Wie jener Mann zu Jeruſalem ſchauen auch wir aus nach der
Zukunft. Darum nennen wir Simeon ein Sinnbild und
Gleichniß der Chriſtenheit. Darum wird, ſeit es eine
Chriſtenheit gibt, von Simeon gepredigt, daß wir uns auf=
richten an ſeinem Glauben, ſtärken mit ſeinem Troſt, freuen in
ſeiner Hoffnung.

I.

Aufrichten an ſeinem Glauben! Iſt es doch ein
großer, ſtarker Glaube, der uns hier entgegentritt. Ein
Menſchenleben hindurch zu warten auf den verheißenen Meſſias.
Jahrzehnt auf Jahrzehnt verſtreichen zu ſehen und doch nicht
irre zu werden an einer Hoffnung, die nicht von dieſer Welt
iſt, dazu gehört eine Kraft des Glaubens, die nur den Beſten
und Reinſten eignet. Denn ſeht doch, welche Zeiten Simeon
da durchlebt hatte.

Wol hat er noch die letzten Sprößlinge aus dem Helden=
geſchlecht der Makkabäer begrüßt, wol auch gehofft, daß von
ihnen ausgehen werde der Heiland, der Chriſt, der Meſſias,
der Israel tröſten wird. Aber er ſah den letzten Makkabäer
untergehen durch Verrath und Blutthat, und er ſah die Kämpfe
der Phariſäer und Sabbucäer um die Herrſchaft und den Staat
am Abgrund des Verderbens, er ſah des heiligen Volkes Freiheit
verrathen und verkauft an die Heiden, ſah die römiſchen Feld=
zeichen aufgerichtet neben dem Tempel und die fremden Feldherren
walten und ſchalten im heiligen Land. Auf dem Throne David's,
den der Verheißene einnehmen ſollte, ſaß der Mörder der
Makkabäer und wüthete mit Gewalt und Unterdrückung und
Mord gegen die eigenen Kinder und Weiber und Angehörigen.
Und Simeon ſah das alles, und ſah Greuel in der heiligen

Stadt, wie sie die Sonne zuvor nie beschienen und wie keines Menschen Hirn sie sich erdacht hatte! Da nicht irre zu werden, da noch zu glauben, daß Gottes Verheißung sich erfüllen müsse, dazu gehörte eine Kraft und Heiligkeit der Gesinnung, die von oben stammt. Dazu muß man glauben, daß es Hoffnungen gibt, die nie täuschen, weil sie sich auf das Ewige gründen. Dazu gehört der innere Sinn, der Gottes Stimme deutlicher hört als den Spott der Welt und das Jauchzen der Hölle. Dazu gehört der Glaube Hiob's, der in Todesqualen zu rufen vermag: Ich weiß, daß mein Erlöser lebt, und zuletzt wird er dennoch auf der Erde stehen!

Aber nun seht doch wol zu, ob nicht auch heute noch derselbe Glaube von uns verlangt werde? Ein Reich der Wahrheit, ein Reich des Friedens, ein Reich des Glücks ist uns verheißen, aber wo sehen wir's denn?

Die Propheten haben verkündigt, daß Jehova seinen Geist ausgießen werde über alles Fleisch, und der Menschen Söhne und Töchter werden weissagen und die Aeltesten Träume haben und die Jünglinge Gesichte sehen.

Aber wann wäre dies Reich der Wahrheit und Erkenntniß dagewesen? Gehe doch hin zum gemeinen Mann, dem in diesen Tagen mehr als je zu wanken scheint, worauf er einst felsenfest baute, und lies in tausend und tausend geängsteten und bekümmerten Herzen die schmerzliche Frage: Was ist Wahrheit? Gehe hin zu den Gebildeten, die das Wort führen, zu den Satten, die sonst ja alles wissen und können, und lies in ihren Mienen die spöttische Frage: Was ist Wahrheit? Gehe hin zu den Weisen, die geforscht in tausend Büchern, angeklopft haben am Stein und die Fasern der Pflanzen befragt und die feinen Nerven und zuckenden Muskeln der Thiere, und höre die ernste Frage: Was ist Wahrheit? Wenn wir nun aber dennoch fest, unerschütterlich fest glauben, daß ein Tag komme,

da unser Wissen nicht mehr Stückwerk und unser Weissagen
nicht mehr Stückwerk sein wird, so ist's, weil wir wissen, daß
es Stimmen in uns gibt, die nicht trügen, und daß der, der
den Trieb der Erkenntniß so tief in diese Menschenbrust gepflanzt
hat, ihr auch den Tag des Lichts, der Erkenntniß, den Tag
der Wahrheit wird aufgehen lassen.

Aber auch des Friedens Reich, das uns verheißen ist, wie
steht es fern und immer ferner! Eine Zeit haben die Propheten
verkündigt, da die Völker wie Brüder zusammenwohnen, und
siehe, Krieg reiht sich an Krieg, wie zu Simeon's Zeit, und der
einzige Unterschied ist der, daß die sie heute führen siebenfach
blutiger, furchtbarer und verderblicher sind.

Aber auch, was sie Frieden nennen, was ist das für ein
Frieden im Kampf der Parteien, die sich verlästern und verfolgen, der Leidenschaften, die sich vernichten und verderben
möchten in grimmigem Haß, der forterbt von Geschlecht zu
Geschlecht!

Wenn wir nun dennoch eine Zeit erwarten, da alle Menschen
sich tragen und dulden und lieben werden, mit der Innigkeit,
dem Feuer, der Treue, mit der du jetzt die liebst, die deinem
Herzen am theuersten sind, so ist es, weil du der prophetischen
Stimme in dir glaubst, daß die Menschheit zu keinem andern
Ziel könne berufen sein.

Und wo auf Erden wäre nun gar das verheißene Glück?
Fragt doch die Hunderttausende, die das quälende Bedürfniß
jedes Tages rastlos umhertreibt vom Morgen bis zum Abend!
Fragt die Beneideten um ihres Glückes willen, denen ihr
Eigenthum zerrinnt unter den Händen und sein Genuß verweht
und ist zerstoben, wenn er je da war, und blickt hindurch durch
den trügerischen Schein äußern Glanzes in verborgenes Elend —
und seht dann, wo das Glück geblieben? Wagt es zurückzusehen

auf die Vergangenheit auch nur eines einzigen Jahres, wie viel
es in seinen Strudel mit hinabgerissen von dem, was euch am
theuersten war, und seht dann, ob es noch leicht sei, jener Kunde
zu trauen? Und wenn wir es thun, dennoch thun, so ist's,
weil wir auf Gottes Vatergüte bauen, der in des Kindes Herz
keine Sehnsucht kann gelegt haben, die er nicht schließlich auch
befriedigen, stillen, sättigen wird. Aber das seht ihr wol, ein
Simeonsglaube gehört dazu, um in einer Welt nicht irre zu
werden, in der so vieles dunkel, so manches schwer und fast
alles zweifelhaft ist.

II.

Laßt uns aber über Simeon's Warten in Angst und Nacht
doch auch den Lichtstrahl nicht vergessen, der dieses Dunkel
eben gehellt hat. Hat er ein Leben lang warten müssen auf
die Erfüllung der Verheißungen, so hält er dafür auch jetzt in
seinen Händen das Heil, nach dem er sich sehnte. Seine Augen
haben heute den Heiland gesehen, den Gott bereitet hatte vor
allen Völkern. Der als Lichtgestalt durch seine Träume zog,
den hält er hier in seinen beiden Armen. Ist er nicht wie
ein sterbender Krieger, der, ehe er seinen Athem aushaucht, noch
die Botschaft des gewonnenen Sieges vernimmt? Ist er nicht
wie ein scheidender Patriot, dem auf dem Lager, das er nicht
mehr verlassen wird, die Kunde kommt, das Vaterland, für
dessen Einheit er sein Leben lang gearbeitet, sei nun einig,
groß und stark, und werde demnächst frei und glücklich sein?
„Herr", so ruft er, „nun lässest du deinen Knecht in Frieden
fahren, wie du gesagt hast, denn meine Augen haben deinen
Heiland gesehen, den du bereitet hast vor allen Völkern."

Auch darin aber, Geliebte, ist Simeon ein Sinnbild und
Gleichniß der Christenheit, denn auch ihr ward es ja vor allen

frühern Geschlechtern vergönnt, die Erfüllung der Verheißung
mit Augen zu schauen, mit Händen zu greifen. Zu schauen
und zu greifen, wie Geistiges sich schauen und greifen läßt:
in seinen Aeußerungen, seinen Wirkungen, seiner Kraft. Es
ist der Antheil Simeon's, der statt des Genusses des verheißenen
Reiches uns zufiel. Wir sehen die Verheißung erfüllt, wir
sehen ihre schwachen Anfänge, wir sehen das Reich in den
Windeln gleichsam, aber wir sehen es doch. Der Anfang ist
doch gegeben, und wird wachsen und zunehmen vor Gott und
den Menschen. Gewiß, wir haben keine Ursache, geringschätzig
zu denken von dem Antheil an der Verheißung, der uns beschieden
ward. So weit verwirklicht ist sie doch, daß sie sich mit
Händen greifen läßt? Gewiß ein großer Wechsel der Dinge
hat sich schon vollzogen, seit Simeon den in seinen Armen
wiegte, der den Grundstein des Reiches gelegt hat. Es war
einst ein Reich des Irrthums und des Aberglaubens, in dem
die Menschheit sich beugte vor leeren Götzen, vor Gebilden der
Menschenhand hier, vor geschaffenen Creaturen dort und allenthalben vor bluttriefenden Altären.

Und es wurde ein Reich des Herrn, der über alle Lande
seine Herrschaft verbreitet hat. An den Seegestaden glänzen
seine Kirchen, an den Bergeshalden läuten ihm die Glocken,
auf den Alpenhöhen tönen ihm die Lieder, durch der Städte
Lärm ruft seine Stimme. Allenthalben hat er seine Leuchte
aufgepflanzt, und ihre Strahlen dringen durch.

Es war eine Zeit der Gewalt und der Gesetzlosigkeit, da der
Mächtige that, was kein Stärkerer wehrte. Schutzlos war der
Schwache preisgegeben dem Starken, ein Alter unterworfen dem
andern, ein Geschlecht botmäßig dem andern, ein Volk unterjocht
unter das andere. In Sklaven und Herren, in Knechte und Thrannen
war die Menschheit zerspalten, und es regierte die Gewalt.

6*

Und es wurde ein Reich des Rechts und der Liebe, das Grundsteine öffentlicher Ordnung gesetzt hat, und strenge Grenzen gezogen der Willkür. Ein Reich der Liebe, die dem Schwachen nachgeht, den Wankenden stützt, dem Gefallenen aufhilft und Balsam weiß für alle Wunden.

Es war ein Reich der Sünde und Schande, da jeder that, wozu die Sinne ihn trieben, da die Zucht und Sitte fehlte im Haus, die Scham gewichen war aus dem öffentlichen Leben und die Heiligthümer besudelt wurden mit den Greueln der Unzucht. Der Pesthauch der Sünde ging durch die Welt und welkte die Jugend und entehrte das Alter.

Und es ward ein Reich der Sitte und Zucht, das die Sünde schreckt und die Unschuld schützt. Er legt segnend seine Hände auf den Bund der Familie, er steht warnend im Heiligthum des Hauses, er behütet der Jugend Spiel und leitet ihre Wege.

III.

Vollendet freilich ist das Werk lange noch nicht, und Simeon's Trost würde uns nicht recht trösten ohne seine Hoffnung. Denn, wie wir uns freuen über die Fortschritte der Jahrhunderte, wie wenig wären sie ohne die Hoffnung der Vollendung! Ach wenn wir alles, was unser Geschlecht erreicht, geschaffen und geleistet hat, zusammenzählen und dann das Ziel ins Auge fassen, da liegt noch der alte ungelichtete Weg vor uns und das Material zum Bau für eine Ewigkeit. Sandkörner haben wir zusammengetragen zu einem Werk, das bis in die Wolken reichen soll. Taglöhner sind wir gewesen dessen, vor dem tausend Jahre sind wie ein Tag, und ohne die Hoffnung auf kommende bessere Zeiten, auf ein nachwachsendes stärkeres Geschlecht, möchten wir die Hände nur gleich sinken

lassen. Aber jener Simeon, der das Heil in seinen Händen
trug und den Messias auf seinen Armen wiegte, ist's ihm
anders ergangen? Er hat die Erfüllung der Verheißung erlebt,
aber ist diese Erfüllung nicht selbst nur wieder eine neue Verheißung? Selbst ihm, was ist ihm denn zu schauen vergönnt?
Ein hülfloses Kind, selbst eine Hoffnung. Er vermacht seine
Hoffnung dem folgenden Geschlecht, und die Kommenden sehen
den Erlöser, aber sie sehen ihn am Kreuz, und vom Kreuz
übergibt er ihnen seine Lehre und sein Werk. Sie treten die
Erbschaft an, ziehen aus in alle Welt und predigen das Evangelium. In welcher Hoffnung? Daß er wiederkehren werde
auf den Wolken des Himmels, sein Reich zu gründen und sie
zu lohnen für Mühe und Kampf. Und die junge Kirche lebt
und athmet in dieser Hoffnung. Sie überwindet das Judenthum
und besiegt das Heidenthum, und noch ist das Reich nicht da.
Auch die tausend Jahre werden voll, die die Weisen und Lehrer
und Kundigen der Schrift als Termin bestimmt hatten für den
Anbruch des Reichs. Aber die Sonne zieht gewohnte Bahnen,
und das Laster findet seine Wege wie zuvor. Da ziehen sie
aus, Jerusalem zu befreien, daß zu Zion das Reich könnte
errichtet werden. Zion wird erobert, und das Reich kommt
nicht. — So hält die Kirche Einkehr in sich selbst, und neue
Propheten verlangen, daß die Kirche müsse gereinigt werden
an Haupt und Gliedern, daß der Antichrist müsse ausgetrieben
werden, damit der Christ komme. Aber der größte der Refor-
matoren sinkt mit der Klage ins Grab, daß Welt Welt bleibe,
und unter andern Namen drückt die alte Schuld. Da geht
ein neues Morgenroth auf, wie freudig begrüßt, eine neue Zeit
voll Sturm und Drang, das Zeitalter der Freiheit und des
Lichts, das alle Fesseln sprengt! Auch dieses hat sein Jahrhundert nun bald erfüllt, und wie viel ist noch zu schaffen, zu

wirken, zu arbeiten! Wir werden das Ziel nicht erreichen
wir haben gelernt zu entsagen, und hätten wir's nicht gelernt,
Simeon's Beispiel könnte es uns lehren. Denn worin liegt
das eigenthümlich Rührende und Bewegliche in dem Lobgesang
des alten Israeliten: „Nun lässest du deinen Diener in Frieden
fahren, denn der Welt ist Gnade geworden, und wenn auch
Simeon nicht mehr ist, so wird doch Heil sich lagern über
seinem Volke?" Was ergreift uns so tief an diesem einfachen
Worte, als die selbstlose, neidlose Freude des Greises, der der
Segenszeit sich freut, in der er selbst nichts besitzen wird, als
ein kühles, vergessenes Grab?

Und nun seht doch, ob nicht alles, was heute unter heißen
Kämpfen und saurer Arbeit durchgesetzt wird an neuen Rechten,
bessern Ordnungen, freien Einrichtungen — ob es nicht erkämpft
werden will in jener Gesinnung des Simeon, nicht für uns,
sondern damit über unsern Gräbern ein Volk wandle, das
glücklicher, freier und größer sei, als wir es sind? Ob nicht
alles, was gethan wird zur Erziehung, Leitung und Bildung
der Jugend, gethan sei im gleichen Sinn, daß, wenn uns die
Waffen aus den Händen fallen, ein neues Geschlecht erstehe,
frömmer, edler, reiner und besser als wir es waren und werden
konnten? Ob nicht jeder wahre und rechte Fortschritt, jede
wahre Besserung von den Lebenden mit dem Lobgesang des
alten Israeliten will gefeiert sein: „Herr, nun lässest du deinen
Knecht in Frieden fahren — denn wenn auch Simeon nicht
mehr ist, so wird doch Heil sich lagern über seinem Volke?"

Der Glaube Simeon's, der Trost Simeon's, die Hoffnung
Simeon's ist der Inhalt unserer Adventsfreude. Es ist der
Glaube, der sich selbst Unterpfand und Bürgschaft seiner
Wahrheit ist, weil er weiß, daß Gottes Verheißungen an die
Seinen Ja und Amen sind.

Es ist der Trost des sichtbaren und greifbaren göttlichen Waltens, mit dem der Allgütige unserer Schwachheit zu Hülfe kommt. Es ist die Hoffnung, die nichts für sich will und sich genügen läßt an Gottes Gnade.

So gehen wir gläubig der Botschaft des Weihnachtsfestes entgegen: Friede auf Erden und den Menschen ein Wohlgefallen, die Botschaft wird Wahrheit werden, denn auch unsere Augen haben den Heiland gesehen, den Gott bereitet hat vor allen Völkern.

8

Weihnachtsbetrachtung.

Math. 18, 1—4.

Es liegt etwas Ansprechendes in der rührigen Geschäftigkeit, die das Weihnachtsfest einzuleiten und zu begleiten pflegt, was zu unserer sonstigen Geschäftsweise einen angenehmen Gegensatz bildet. Wenn uns sonst jenes Laufen und Markten und Sorgen gerade ein trauriges Gefühl der Oede und Leerheit des Lebens hinterläßt, so webt sich vielmehr um diese Weihnachtssorgen ein eigener Zauber der Liebe, der gutmüthigen Fürsorge und all der besten Empfindungen des menschlichen Herzens. Ja schon den festlichen Tagen voran geht das Bestreben, sich Freundliches zu erweisen, allen Anstoß wegzuräumen und eine ungetrübte Feier des heiligen Abends vorzubereiten, sodaß wol auch die in diesen Tagen ihre besten Stunden gefunden, denen das Weihnachtsfest seinen bestimmten christlichen Inhalt verloren hat. Wie der Tannenduft, der unsere Stuben durchzieht, uns mahnt an den Wald und die würzigen Lüfte des Frühlinges, so weckt die ganze Kinderfeier in uns das Heimweh nach dem Frühling des Lebens, und als Grundton der ganzen Feier zieht durch unser Gemüth der Wunsch des Heilandes: Werdet wie die Kinder!

Wem wäre dieser Wunsch nicht gekommen bei dem Fest-
jubel des heiligen Abends, wem hätten all die leuchtenden Kinder-
augen, all die freudegerötheten Wangen der Kleinen nicht den
Wunsch geweckt, sich auch noch freuen zu können wie sie, umzukehren und zu werden wie die Kinder. Seltsame Bitte, so
obenhin gesehen! Thörichtes Begehren, all die mühevolle Entwickelung, die Frucht langjähriger Arbeit hingeben zu wollen,
um die Kinderschuhe wieder anzulegen! Wozu preisen wir
unsere Schulen, die stets mehr und mehr zu geben suchen,
wozu die Erziehung, die stets umfassender wird, wozu den Fleiß
des Lernens, der Weiteres und Weiteres an sich rafft — wenn
dann dem so fertig gewordenen Menschen der Wunsch wieder
aufsteigen kann, wieder umzukehren und zu werden wie die
Kinder? Dennoch aber muß dieser Wunsch in unserer Natur
begründet sein, sonst würde er nicht so allgemein empfunden
werden. Ja er muß seine tiefere Berechtigung haben,
sonst würde er nicht die reinsten und besten Menschen am innigsten
bewegen, er muß sogar einer religiösen Pflicht entsprechen,
sonst hätte ihm Jesus Christus nicht seine feierliche Weihe
ertheilt.

Der Grund dieses Wunsches ist bei der Mehrzahl der
Menschen leicht abzusehen. Wir wünschten so glücklich zu sein
wie die Kinder, und wünschen uns ihren Kindersinn. Kein
anderes Verlangen bewegte uns, als wir die Kinderschar frohlocken sahen bei dem flimmernden Lichterglanz und all den
bunten Flittern, mit denen eine trügerische Herrlichkeit aufgebaut
war für so wenige Stunden, kein anderer Wunsch, als doch
auch mit so wenigen Mitteln uns noch so überschwengliches Glück
bereiten zu können. Die unbewußte Genügsamkeit ist es, die
wir auch am begehrlichsten Kinde beneiden. Die Empfänglichkeit
für kleine Freuden, für die wir schon längst abgestumpft sind.

Ganz andere Gaben müßten über uns ausgegossen werden, bis
wir so von Freude durchglüht würden, und dann würde die
Freude kaum vorhalten. Wir haben schon zu viel erhalten und
gekostet, die Empfänglichkeit hat abgenommen, und darum müssen
die Reizmittel zunehmen, das ist's, was wir beklagen, und
weshalb die Kindheit unsere Eifersucht weckt. Dazu kommt
dann noch etwas anderes, wovon die Dauer des Glückes abzu-
hängen pflegt. Es ist die Sorglosigkeit der seligen Kinderjahre.
Es ist dem Kind von Haus aus eigen, sich nicht zu grämen
um den kommenden Morgen. Noch hat der Zweifel sein Herz
nicht beschlichen, ob es auch morgen haben werde, was ihm
nöthig ist, genug, daß es aus Aelternhand für jetzt sein Brot
erhält. Selbst die Schmerzen, die es in seinem kleinen Herzen
erfahren, sind vergessen in der nächsten Stunde, noch ist die
Wange von der Thräne nicht trocken, und schon lächelt der Mund
und ist aller Kummer geschwunden. Aber wie der Mensch
heranreift, schwindet mehr und mehr diese Fähigkeit zum Glück,
schwindet dieser Kindersinn. Trübe Erfahrungen werfen ihre
Samen ins Herz, und ihre Saat pflegt wuchernd aufzugehen
und das Vertrauen zu Gott und Menschen zu ersticken. Das
Unglück einer Stunde vergißt sich so schwer. Stets sehen wir all
das Leid von damals wieder in Aussicht, und das zaghafte Herz
glaubt sich von Gott verlassen, weil ihm vor Zeiten ein Plan
misglückt, eine Hoffnung misrathen. So werden die Tage
ausgefüllt mit der ängstlichen Sorge um Nahrung und Unter-
halt, die bitterer ist als die Dürftigkeit selbst, so gehen die auf
in Kummer und Jammer des Lebens, die ein glückliches Leben
führen könnten. Und die den Mangel nicht fühlen, sie fühlen,
was schlimmer ist als der Mangel, die Weltangst, die Sorge,
die Schrecken der Zukunft, und daß alles so umsonst. Aber
wir wissen es wohl, daß wir es selbst sind, die uns all dies

Herzeleid anthun. Was wäre an sich an all dem, was die Menschen Unglück und Elend nennen, welch Unglück denn die enge Stube und niedere Decke, und das grobe Kleid und trockene Brot, wenn nicht unser Herz stets die bittere Empfindung dazulegte, daß wir recht heimgesucht und auserwählt seien von des Lebens Noth? Darum wünschen wir zu werden wie die Kinder, denen zwei Lichter und wenige bunte Früchte genügen zum Glück, und die nicht fragen, was morgen sein wird?

Nicht minder aber beneiden wir sie um ihr Zutrauen zu den Menschen, das uns verloren ging. Sie betrachten noch keinen darauf, ob er es wirklich gut mit ihnen meine. Sie lächeln jedem zu, der ihnen zulächelt, und sind gewiß, daß er ihr Freund sei. Unser Herz aber hat sich zugeschlossen und trägt sein Mistrauen mit in sich herum, und um der oder jener möglichen Verletzung und Beschädigung zu entgehen, reibt es sich selbst wund an dem Stahlkleid, in das es sich hüllt, und indem es seinen Panzer zur Schau trägt, macht es sich die erst zu Feinden, die ihm an sich gewogen wären. Von allen denen, die sich Feinde nennen, ist es die Mehrzahl nur darum, weil jeder es für weise und klug hält, sich möglichst zurück- zuziehen auf sich selbst, möglichst seine geheimen Gedanken zu verbergen, möglichst kälter zu scheinen als er ist. Sie haben es verlernt, sich mit dem Vertrauen ihrer Kinderjahre zu nahen, und eben das ist ihr Unglück, obgleich sie es Lebensweisheit nennen, denn Mistrauen erzeugt Mistrauen und endlich Haß und Feindschaft. Auch fehlt es nicht an Stunden, in denen der Mensch das einsieht, aber nun ist die Fähigkeit verloren gegangen, aus sich herauszugehen, sich anzuschließen, offen und wahr zu sein. Das brennt ihm wol bitter auf der Seele, und von der heißen Lippe ringt sich der Wunsch, umzukehren und zu werden wie die Kinder. Denn die sind glücklich in ihrer Einfalt.

Das führt uns aber hinüber auf die weitere Frage nach der innern Berechtigung dieses Wunsches, zu werden wie die Kinder. Wie seine allgemeine Verbreitung darauf beruht, daß wir uns nach dem Glück der Kindheit sehnen, so seine Berechtigung darauf, daß wir nach der Reinheit unserer Kinderjahre zurückverlangen. Es ist mit andern Worten dieser Wunsch nichts anderes als eine Regung des Gewissens. Wir fühlen, daß wir seit jenen Tagen der Kindheit nicht das geworden sind, was wir werden konnten, daß unsere Entwickelung in falsche Bahnen gerathen, und wünschen darum die vergangenen Jahre zurück. Allein da fragt es sich doch, sind wir wirklich in jenen Tagen wahrhaft rein und gut gewesen oder hat nicht vielleicht damals schon all die Sünde und Leidenschaft in uns geschlummert, deren Saaten jetzt wuchernd aufgegangen sind? Ist die menschliche Entwickelung dem Laufe des Stromes zu vergleichen, der hell und klar entspringt, dann aber weiterhin verunreinigt und getrübt wird, bis er schlammig und erdfarben ausmündet ins weite Meer, oder gleicht sie der Pflanze, die schon im Keim verderben einen marklosen Stengel mit welken Blättern und verkümmerten Blüten treibt? Jenes scheint der Herr zu lehren, wenn er dem verderbten Geschlecht die Unschuld der Kleinen entgegenstellt und von ihnen rühmt, daß das Himmelreich ihnen sei; dieses wird von der Kirche angenommen, die schon das Kind im Mutterschos läßt behaftet sein mit der gemeinen Verderbniß menschlicher Natur. Eine Verschiedenheit der Anschauungen der wichtigsten Art! Denn nicht der Streitsucht der Schule allein hat dieselbe von Belang geschienen, sondern die Denker aller Zeiten und Völker hat diese Frage beschäftigt, ob schon im Kinde all die übeln Neigungen, Leidenschaften und Laster vorhanden sind, die uns anhaften, oder ob es der Einfluß verkehrter Erziehung, ob erst übles Beispiel und schlechte Gewöhnung sie dazuthun. Mit einem oder dem andern Schriftwort läßt sich die Frage nicht abthun, denn die Schrift sagt einerseits, daß den Kleinen das Reich Gottes gehöre, und wer es ererben wolle, müsse werden wie sie, andererseits läßt sie den Menschen rufen: Ich bin aus sündlichem Samen gezeugt und in Sünden hat mich meine Mutter empfangen. Zur Lösung dieses Widerspruchs scheint nun nur dieses Eine offen zu bleiben, was auch die Beobachtung und Erfahrung bestätigen, daß allerdings im Keime schon alle die bösen Neigungen und Lüste schlummern in dem Herzen des Kindes, daß aber weitaus die schlimmere Einwirkung ausgeht von allen jenen äußern Einflüssen, die den werdenden Menschen verleiten zum Bösen. Freilich im Kinde schon regt sich die Selbstsucht, die Eifersucht, Eitelkeit, und das sinnliche Leben beherrscht es ausschließlich, aber wenn es mehr und mehr entartet, so geschieht es unter der Macht übeln Beispiels und schlechter Erziehung. An die Worte gehässigen Zanks, die rings ertönen, gewöhnt sich das Ohr und nachher der Mund, und endlich das junge bildsame Herz. Mit tausend Mitteln wird seine Eitelkeit und sein Hochmuth geweckt, seine Selbstsucht bildet sich nach den Vorbildern, die es umgeben. Ja wir wissen nicht, was mehr dazu beigetragen uns zu verderben, die falsche Liebe, die uns verzärtelt, oder die rohe Misachtung, die uns verhärtet hat. Hereingeboren in eine Welt von Sünde, setzt sich Sünde auf Sünde an uns an, sodaß, wie unvollkommen wir auch schon beim Eintritt in die Welt gewesen, dennoch der Wunsch gerechtfertigt erscheint, wieder umzukehren und wieder zu werden wie in den Tagen der Kindheit, da wir noch nicht so über und über bedeckt waren mit den Flecken, mit denen der Schmuz des Lebens uns bewarf.

Aber freilich, dieses Begehren soll nicht das bleiben, was

man einen frommen Wunsch zu nennen pflegt, sondern es soll
sich verwirklichen. Macht doch Jesus dieses Werden wie die
Kinder sogar zur Bedingung unsers Eintritts ins Himmelreich.
Freilich eine schwere Pflicht, bei der wir wol mit jenem
Meister in Israel rufen möchten: „Wie kann ein Mensch wieder
zum Kinde werden, wenn er alt ist. Kann er auch wieder in
seiner Mutter Leib gehen und geboren werden?" Schwer genug
ist es, was unsere Religion von uns verlangt, aber nicht
unmöglich, sonst würde sie es nicht verlangen. Es gab ja
doch eine Zeit, in der jener Kindessinn uns eigen war, warum
sollte sie nicht wiederkehren? Es bricht doch heute noch in
bessern Stunden all sein Gottvertrauen, seine Liebesfähigkeit,
sein Wohlwollen wieder durch und offenbart, daß jener
Kindeskern der menschlichen Natur noch vorhanden sei, wenngleich überwuchert von allerlei Sünde und Selbstsucht. Noch
heute ja kommt er infolge von schweren Schicksalsschlägen,
die das harte Herz zerbrechen und zermalmen, wieder zum
Durchbruch, und Menschen, die noch vor kurzem spröde, kurz
und abgeschlossen erschienen, sie bringen wieder die ursprüngliche
Güte und Kindlichkeit ihres Wesens zum Vorschein. Was in
einzelnen glücklichen Augenblicken so aufglimmt, warum sollte
es nicht angefacht werden können zur helllodernden Flamme,
die unser ganzes Leben durchleuchtet und durchglüht? Was die
Fügungen des äußern Geschicks so mit sich bringen, was irdische
Schicksalsschläge zu Wege bringen, wie sollte das nicht auch
durch festen Entschluß zu erreichen sein? Habe nur Acht auf
alle die Regungen deines Herzens, suche die Kruste zu lösen,
die der Verkehr mit der Welt über dein besseres Wesen gezogen,
laß ihn wieder hervorbrechen aus des Herzens Tiefe den Strom
der Liebe, des Gottvertrauens, des Glaubens, der Hoffnung,
lebe von innen heraus und achte alles gering, was die Wogen

des Lebens von außen an dich heranspülen, so wird bald das erreicht sein, was jetzt dich so schwer dünkt: zu werden wie die Kinder, — so glücklich wie sie und so rein wie sie.

Zurück zur Kindheit weist uns das Evangelium der Weihnachtszeit, damit wir, was Weltangst und Weltliebe über den ursprünglichen Kindeskern unserer Natur von außen gehäuft hat, abstoßen, daß wir selbst wieder hindurchdringen zu jenem kindlichen Gottvertrauen, das da ruft: Abba, lieber Vater!

9

Die Versuchungen Jesu.

Es sind zwei Grundthatsachen, die dem Christen feststehen als die Angelpunkte seiner religiösen Weltanschauung: der Glaube an Gott und der Glaube an die Wirklichkeit des Ideals. Die Ueberzeugung ist dem frommen Gemüth nicht zu rauben, daß die menschliche Natur auch ein mal wenigstens in ihrer Reinheit vorhanden gewesen sei und im Gleichgewicht ihrer Kräfte. Nicht blos wie die natürliche Zeugung sie fortpflanzt als diese Mischung des Geistigen und Sinnlichen, des Höhern und Niedern, als werdende, ringende, unvollkommene; nicht blos, wie wir den Menschen kennen, unter dem Zwang der Lebensverhältnisse zersplittert, an die Scholle gefesselt und ein Bruchstück der Menschheit geworden; durch den Gang der Gewohnheit entartet und verderbt durch die Macht der Sünde. Nein, als der Mensch, der das Ebenbild Gottes sein sollte und nicht das Zerrbild seiner eigenen Idee. Dieses unser Urbild zu finden, ist eine tiefe und schmerzliche Sehnsucht des menschlichen Herzens. Schon den Knaben verfolgen die heiligen und erhabenen Züge dieses Bildes, und oft glaubt er es gefunden zu haben, wenn er in seinem Heldenbuch liest von großen Männern. Bald in diesem, bald in jenem seiner Gespielen meint der Jüngling den zu entdecken, der der Traum seiner Kinderjahre war, aber die traurige Stunde der Enttäuschung bleibt nicht aus, in der die Glorie um des Freundes Haupt zerfließt und wir mit Schmerzen gewahren, daß er so arm und gebrechlich ist wie wir andern alle.

Dennoch aber bleibt jene Stimme in uns lebendig, und so arm geboren ist kein Menschenkind, daß es ihre Laute nicht in sich vernähme. Ja all unsere Freundschaft, all unsere Liebe, wovon lebt sie sonst, als von dem Glauben, daß das Ideale wirklich werden könne auf dieser unvollkommenen Erde, und das ist die traurigste Erniedrigung der menschlichen Natur, wie hochmüthig du dich auch dabei stellen magst, wenn du zu dem Glauben dich bekehrt hast, daß die Tugend ein leerer Wahn sei und jenes Bild ein Phantom unreifer Jugend. Wo aber ist dieses Bild lebendig gewesen? Wohin mag die Stimme des Herzens deuten, die in uns so mächtig und so heilig ist? Wir, die wir Christen sind, glauben, daß sie auf Jesum von Nazareth weise, der sein Leben gelassen hat zur Gerechtigkeit für viele. Wir haben keine Wahl, als entweder diese Stimme Lügen zu strafen oder sie auf Christum zu deuten, denn ich wüßte nicht, auf wen sie sonst sollte gedeutet werden. Darum glauben wir, daß in Christo das Ideale wirklich geworden sei.

Das aber, was wir suchen, ist nicht ein todtes Ideal, nicht ein Gott mit einem Scheinleib umflossen, der, über alle Verhältnisse dieser Welt hinausgerückt, durchs Leben gegangen, sondern wir suchen ein Bild, das uns gleich sei, das fühlte, wie wir fühlen, kämpfte wie wir kämpfen; Fleisch von meinem Fleisch und Bein von meinem Bein. Darum steht Christus unserm Herzen so nahe, weil wir — mit dem Hebräerbrief zu reden — in ihm nicht einen Hohenpriester haben, der nicht könnte Mitleid haben mit unserer Schwachheit, sondern der versucht ist allenthalben gleichwie wir, doch ohne Sünde. (Hebr. 4, 15.)

Darin liegt die Macht seines Beispiels, daß er selbst die Leiden gelitten hat, über die er uns trösten will, daß er selbst die Versuchungen bestanden hat, die er uns verachten heißt.

Aber freilich, was wir Versuchungen nennen, das sind nicht die Versuchungen Jesu gewesen. Wenn unser Inneres ein wüster Tummelplatz sinnlicher Wünsche war, so heißen wir das Versuchung, was doch schon Sünde ist. So wird sich keiner das Herz Jesu denken, und ihn selbst nicht als den Mann der mühsam behaupteten Tugend. Auch haben sich seine Versuchungen nicht auf das bezogen, was der gemeinen und sündlich verderbten Natur begehrenswerth erscheint; was ihn lockte, wäre für uns kaum Sünde gewesen.

Und dennoch soll es Ernst sein mit dem Worte der Schrift: er ward versucht allenthalben gleichwie wir. Dennoch wollen auch wir die Versuchungsgeschichte des Evangeliums nicht zu einem leeren Schattenspiel machen. Jene Wege, die verlockend vor ihm da lagen, als er seine Laufbahn begann — gewiß sie schienen ihm wirklich wünschenswerth, obgleich er den Fuß nicht aufhob, sie zu betreten. Und eben diese Wege wären für ihn Irrwege gewesen und hätten ihn abgeleitet von seinem Beruf, obgleich sie uns andern wie Bahnen der Tugend erscheinen.

Diese doppelte Eigenthümlichkeit der Versuchungen Jesu ist wol einer nähern Erwägung werth.

I.

Bist du Gottes Sohn, so sprich, daß diese Steine Brot werden, so lautet das erste mal die Stimme des Versuchers. Aber worin liegt hier die Versuchung? müssen wir fragen. Ist es nur die Lust, ein augenblickliches Bedürfniß zu befriedigen, so scheint das mehr eine Versuchung für Kinder als für den

Heiland der Welt zu sein. Ist es aber ein Act nothwendiger
Lebensfristung, so sehe ich nicht, worin dann die Sünde liegen
sollte. Darum ist eben hier mit dem Brote mehr gemeint als
die Speise, die zum Essen dient. Des Menschen Brot ist sein
Haus und Herd, sein Weib und Kind, Gut und Glück, kurz
alles, was zum natürlichen Behagen des Menschen gehört.
Auf die Förderung dieses sinnlichen Wohlergehens seine vom
Himmel zu höhern Dingen verliehenen Gaben zu verwenden,
seine himmlichen Kräfte zu brauchen, sich dieses irdische Glück
zu schaffen, das ist allerdings eine schwere Versuchung und will
mehr heißen als das Gelüste Brot zu essen, wenn dich hungert.
Das war die Versuchung, die, wie sie am Anfang jeder höhern
Laufbahn steht, auch Christo zunächst entgegentrat. In der
That eine Versuchung von ganz anderm Gewicht als die der
griechischen Fabel, in der Hercules wählt zwischen Tugend und
Laster. Denn zwischen diesen gab's für Christum keine Wahl.
Nein, er soll sich entscheiden zwischen der fröhlichen Gewohnheit
seiner seitherigen Verhältnisse, in die ihn doch auch ein göttlicher
Wille gestellt hatte, und der schweren, fast hoffnungslosen Bahn,
die nach Golgatha führt. Auf welcher Seite steht hier die
Versuchung? Dieser Wahl auf- und niederwogende Gedanken
haben ihn in die Wüste getrieben, da war er vierzig Tage
einsam mit dem Plan, der sein Leben vereinsamen wird; da
hat er vierzig Tage keines Menschen freundliches Antlitz gesehen
und fühlt den Vorgeschmack seiner schmerzlichen Laufbahn. Er
war bei den Thieren des Feldes, sagt das Evangelium, aber
die Vögel haben ihre Nester, die Füchse haben Höhlen, nur
des Menschen Sohn hat nicht, wohin er sein Haupt lege. Und
das fühlt er wohl, daß wie diese vierzig Tage fortan sein Leben
sein wird, daß er mit diesem Beruf überall in der Wüste ist,
ein Entbehrender mitten im Wohlstand, ein Einsiedler im

Gewühle der Märkte. Er wird das Land hinauf und das
Land hinab ziehen und von den kümmerlichen Bäumen am
Weg seine Nahrung lesen; er wird vor den thörichten Wünschen
der Menge flüchten und den bösen Anschlägen ihrer Führer;
bei den Aermsten des Landes wird er Ruhe suchen, wo nicht
bei den Thieren des Feldes. Da ist kein Freund, der ihm die
Hälfte seiner Leiden abnähme, um ihm die andere Hälfte zu
versüßen. Allein mit sich, und doch eine Welt im Herzen.
Er hat keinen, der ihn stützt bei Tag und mit ihm wacht in den
Nächten von Gethsemane. Ja die Nächsten, die ihn umgeben,
er hätte ihnen so viel zu sagen, aber sie können es noch nicht
tragen.

Das alles mochte in seiner ganzen Bitterkeit in diesem
Moment vor ihn treten, und als er vierzig Tage in der Wüste
gefastet hatte, da hungerte ihn. Da faßte ihn die Sehnsucht
nach allem dem, was dem Menschen das Leben lebenswerth
macht, was uns allen der Seele tägliches Brot heißt, ohne
welches sie verschmachten müßte. Bist du Gottes Sohn? so
tönt es um ihn her, und elender als der letzte der Menschen.

Aber es lag ja in seiner Hand, das alles zu haben, wie
nur einer unter der Sonne. Er brauchte seine Gaben nur
anzuwenden, um aus den Steinen Brot zu machen; welche
Fülle häuslichen Behagens und rein menschlichen Glücks hätte
er sich nicht zu schaffen vermocht? Und warum sollte er auf
diese Stimme seines Herzens nicht hören? Ist sie nicht verwebt
mit allem, was seit den Tagen der Kindheit ihm lieb und
heilig war? Warum sollte er den Fuß nicht wieder zurücktragen
zu den Zelten seiner Gespielen? Werden nicht Vater und
Mutter Thränen der Freude vergießen, wenn er wieder einlenkt
in die Bahnen anderer Menschen, wenn er seine himmlischen
Gaben dem irdischen Gewerbe zuwendet? Wohlstand, Reichthum

werden ihn überströmen, er wird der Stolz seiner Familie,
Haupt seiner Stadt, und statt bei den Thieren des Feldes zu
wohnen, steht es nur bei ihm, mit Vater, Mutter, Bruder und
Schwester sich ein stilles gottumfriedigtes Heiligthum des Familien=
lebens zu schaffen. Dagegen wenn er nicht zurückkehrt, wird
er nicht hinter sich lassen müssen alles, was ihm lieb ist? Die
Thränen der Mutter folgen dem Kinde, der Spott der Gespielen
dem Zimmermannssohn. Seine nächsten Verwandten ziehen
ihm nach und verkündigen, daß er besessen sei, ja es kommt
ein Tag, wo Mutter und Brüder vor seiner Thür stehen, er
aber sagt: Wer ist meine Mutter, wer sind meine Brüder?
Und wer das alles voraussieht, sollte der nicht wählen dürfen
zwischen diesem und jenem? Warum ist es Versuchung,
warum Sünde, sich auf die Seite des natürlichen Wohlergehens,
des friedlichen Besitzes zu stellen? Darum, antwortet der
Erlöser, weil der Mensch nicht vom Brot allein lebt, sondern
von jeglichem Wort, das aus dem Munde Gottes geht. Dieses
Wort des Geistes in uns, das ist des Menschen eigentlich
Leben, seiner Seele wahres Brot. Wehe ihm, wenn er die
Botschaft verschwiegen hätte, die ihm sein Gott aufs Herz gelegt
hatte! Wehe jedem, der sich abwendet von seinen Idealen, um
dem Mammon zu dienen; der das Bewußtsein in sich trägt,
für einen andern Kreis und für ein ander Geschäft von Gott
gerüstet zu sein, der aber abfällt von seinem Beruf um des
irdischen Behagens willen. Auf seinem ganzen Leben wird
diese Lüge vernichtend ruhen; nicht Geld noch Gut, noch Weib
noch Kind wird es ihn vergessen lassen, daß er dem heiligen
Geist gelogen, der in ihm war, daß er die Perlen nahm und
sie vor die Säue warf, daß er aus dem Marmor, aus dem
er eine Götterstatue bilden sollte, einen Futtertrog gemeißelt hat!
Darum war es eine Versuchung und die Stimme des

Bösen, dieses: Bist du Gottes Sohn, so sprich, daß diese Steine
Brot werden. Dazu war er nicht Gottes Sohn. Wäre der
Herr ihr unterlegen, er wäre der erste Bürger geworden zu
Nazareth, die Welt aber wäre unerlöst geblieben. Aber er
siegte. Hinter sich hat er gelassen Haus und Herd, Geld,
Gut, Ehre, Glück. Es trieb ihn vorwärts, das Wort auszu-
richten, was ihm Gott gesagt hatte.

II.

Welch gewaltige That ist doch oft ein einziger Gedanke!
Noch könnte der Herr zurück zu der alten Welt, die ihn eben
noch lockte. Aber schon liegt sie versunken hinter ihm. Denn
für eine große Seele ist ein gefaßter Entschluß ein Abgrund,
über den keine Brücke zurückführt. Der Mensch lebt nicht vom
Brot allein, hat er gesagt, und damit abgeschlossen mit seinem
seitherigen Leben. Wie kläglich stehen daneben unsere täglich
gefaßten und stündlich widerrufenen Entschließungen da! Aber
selten ist mit einem Entschluß die ganze Bestimmung des
Lebens gerettet. Fast jeglicher Tag verlangt einen neuen. Auch
ist es meist leichter für ein edles Gemüth, die Opfer zu bringen,
die eine große Laufbahn verlangt, als die muthige Ueberzeugung
zu fassen, daß es auch wirklich dieser großen Bestimmung
gewachsen sei. So hat der Herr mit einem Wort auf alles
verzichtet, was dem natürlichen Menschen wünschenswerth scheint,
und dennoch beschleichen jetzt die Zweifel der Verzagtheit sein
Herz, ob er auch der sei, das große Werk hinauszuführen.
Die eine Welt hast du dir zerschlagen, aber bist du der, der
die andere geträumte aufrichten wird?

Bist du Gottes Sohn? so tönt aufs neue die Stimme
des Versuchers, bist du der Messias? Bist du's, der die zer-
fallene Hütte David's wieder aufrichten soll, den die Propheten

verkündigt, auf den Israel harrt? Der Friedensfürst und
König der Macht, das Reis aus dem Stamme Isai und das
Panier für die Völker? Bist du's, den Daniel gesehen als
eines Menschen Gestalt kommend auf den Wolken des Himmels?
Bist du Gottes Sohn? Wie viel leichter war es, auf die
erste Frage des Versuchers nein zu sagen als zur zweiten ja!
Ach, das ist die schwerste Anfechtung, die uns verzagen läßt an
der eigenen Kraft. Du siehst, was noththut, um der armen
gedrückten Menschheit zu helfen; du möchtest helfen, aber du
zweifelst, ob auch Gott mit dir sein wird. Der Schmerzens-
schrei am Ende der Laufbahn: Mein Gott, mein Gott, warum
hast du mich verlassen? er ist nicht schrecklicher als die furchtbar
bangen Zweifel am Anfang derselben: Bin ich der Erwählte
oder ist die heiligste Stimme meines Innern eine Lüge gewesen?
Wo finde ich Antwort auf diese Frage? Da führte ihn der
Teufel mit sich in die heilige Stadt und stellte ihn auf die
Zinne des Tempels und sprach zu ihm: Bist du Gottes Sohn,
so laß dich hinab; denn es steht geschrieben: Er wird seinen
Engeln über dir Befehl thun, und sie werden dich auf den
Händen tragen, auf daß du deinen Fuß nicht an einen Stein
stoßest. — Da stand er am Rande des Abgrunds, drunten in
schwindelnder Tiefe Häuser und Menschen der heiligen Stadt,
Jerusalem zu seinen Füßen. Bist du Gottes Sohn, den Daniel
gesehen auf den Wolken dahinfahren, den Legionen von Engeln
bewachen, so stürze dich hinab. Das ist ja die Probe, die alle
deine Zweifel widerlegen wird. Tragen dich die Engel unversehrt
hinab, dann bist du kräftiglich erwiesen — bist du aber nicht
der Verheißene, nun dann wird der Zimmermannssohn zerschmettert da unten liegen, ledig seiner Zweifel und Qualen.
Der Herr hat dann sein Opfer verschmäht. Und wiederum
flüstert der Satan: bist du Gottes Sohn, so stürze dich hinab,

denn es steht geschrieben . . . . Es steht geschrieben, antwortet
Jesus: Du sollst den Herrn deinen Gott nicht versuchen. Ver=
trauen sollst du auf Gott, aber nicht ihn versuchen. Das
freilich wäre die einfachste Messiasprobe, sich vom Dache zu
stürzen, während eine Treppe daneben steht. Dem Pöbel mag
das das Größte scheinen, für die Sache aber ist es wahrlich
das Geringste. Hier gibt es andere Abgründe zu ergründen
als die hundert Ellen der Tempelmauer, und hast du die
ergründet, so braucht es keiner fürwitzigen Probe der eigenen
Kraft. Die Verzagtheit, die sich vielleicht Bescheidenheit nennt,
sie muß nur erst bis zum Rand der Sünde geführt haben,
und alsbald kehrt dem Herrn das Gottvertrauen wieder und
er weiß, woher jene Stimmen stammen, die ihn irremachen
wollten an seinem Beruf. Die Nebel seiner Zweifel sind zer=
streut — er weiß, auf welche Probe es ankommt, und daß das
das Größte ist, die Wege der andern Menschen zu wandeln
und dennoch der Gottessohn sein. Dieses Vertrauen wird ihm
nicht mehr schwinden. Verhöhnt und gegeißelt, sodaß der Heide
ruft: Seht welch ein Mensch! mag ihn der Versucher wiederum
fragen: Bist du Gottes Sohn? und er wird sprechen: Du sagst's.

III.

So hatte der Herr die Opfer gebracht, die die Ausführung
seines großen Werkes erheischten. Er hatte sich den Muth
abgerungen, auf die Stimme Gottes in sich zu vertrauen, jetzt
gilt es noch Eins: die Wahl der Mittel. Er will einen neuen
Himmel und eine neue Erde schaffen, es sollte vom Tempel
der alten Welt kein Stein auf dem andern bleiben; aber von
wo aus sollte er anfassen? Wie soll er das Vertrauen der
Menschen gewinnen? Mit welchen Mitteln sie an sich ziehen,

welche Macht soll er in Bewegung setzen, um die Zustände zu bessern, in denen die Seelen unrettbar verkrüppeln müssen? Mit welchem der Mächtigen des Landes, mit welcher herrschenden Partei soll er einen Bund schließen, damit er zunächst einen Wirkungskreis finde? Siehe, da steht der Fürst dieser Welt wiederum vor ihm: Wirf dich hinein in die Wogen dieser Zeit, ins Rollen der Begebenheit; ein Schwimmer wie du wird nicht versinken. Deine Beredsamkeit, die die Pharisäer zerschmettert, die Taktik, die alle listig gestellten Fallen vermeidet — sie sind heutzutag mehr werth als Scepter und Schwert! Du wirst meine Dämonen entfesseln, die in der Menge schlafen, und doch sie lenken nach deinem Sinn. Sieh hinab in diese gärende Zeit, schon hört man das Murmeln unter der Erde, das dumpfe Brausen, das einem Ausbruch vorangeht. „Und er stellte ihn auf einen hohen Berg, da sah man alle Reiche der Welt“: Siehst du im Süden die Araber im Krieg mit den Römern, hörst du in der Ferne die dröhnenden Hufe der Parther? Siehst du im eigenen Land die Gestalten, die mit funkelnden Augen die römischen Posten betrachten? die Söhne Ephraim's, die im Gebirgskrieg die Cohorten necken? Hörst du den Anmarsch der Legionen von Cäsarea her? Siehe, ein Sturm braut sich zusammen, ich schreite durch die gärenden Völker und führe den Orient gegen das übermüthige Rom. Folge du den Gleisen meines Wagens, schließe dich an an die Patrioten deines Volkes, du wirst der erste sein von allen! Denn diese Pharisäer und Schriftgelehrten sind nur zum Wühlen gut, sie werden das Schiff verlassen, sobald der Sturm durchs Takelwerk heult. Dann ergreifst du das Steuer, dann pflanzest du die Messiasflagge auf. Der Aufruhr rollt durch das Land, du wirbelst die Römer hinab zur Küste und wenn dann das Messiasreich aufgerichtet ist, dann magst du die Menschen bessern und sie bekehren.

„Und welches ist die erste Sprosse auf der Leiter zu dieser Macht?" Bete mich an, den Geist dieser Zeit; was ich sage, das heiße gut, buhle um die Gunst der Menge, beuge dich vor den Häuptern des Volks und ihren Schranzen. Falle nieder und bete mich an, und ich gebe dir alle Reiche der Welt und ihre Herrlichkeit!

Da sprach Jesus zu ihm: Hebe dich weg von mir, Satanas; denn es steht geschrieben: Du sollst anbeten Gott, deinen Herrn, und ihm allein dienen! Nicht mit Brand und Blut wird der Garten Gottes gedüngt, mein Reich ist nicht von dieser Welt, drum soll es nicht mit Ränken und Listen dieser Welt gebaut werden.

Wohl ist der Weg, der zum Reiche Gottes führt, schwieriger denn der in den breiten Gleisen des Zeitgeistes. Fasset die Schwere der Aufgabe, die der Herr sich hier klar macht. An ein Volk, das über das Joch der Fremden ergrimmt ist, aufgestachelt zur äußersten Blutgier, will er herantreten; er will die bewaffnete Rechte fassen: „Selig sind die Friedfertigen, denn sie werden Gottes Kinder heißen; selig sind die Sanftmüthigen, denn sie werden das Erdreich besitzen." Diese Botschaft auszurichten war dort kein Ort, wohin jetzt eben alle großen Geister, alle Talente, aller Ehrgeiz sich drängte; nicht auf dem Schauplatz, wo sie eben geschäftig den großen Scheiterhaufen aufrichten, der sie selbst verzehren wird. „Er wendete sich und zog ins galiläische Land", dort in den Bergen, an den Ufern des Sees, unter den Armen und Einfältigen, sorgsam das Senfkorn zu pflanzen, das zum großen Baum heranwachsen wird. Angesichts der gewaltigen Stürme ein kleines Gärtchen treu zu bestellen, das geknickte Rohr nicht zu zerstoßen, den glimmenden Docht nicht zu verlöschen. Wohl werden auch ihm die kommenden Stürme dienstbar sein und den Samen, der dort wächst, über

Land und Meer führen. Wenn dann die alte Welt der Trümmer=
haufen ist, zu dem sie die Großen dieser Zeit zu machen im
Begriff stehen, dann werden überall die Blüten hervorbrechen,
gepflanzt von dem vergessenen Landrabbi, von dem — man
wußte nicht recht warum — gekreuzigten Judäer.

Vom Berge, auf den ihn der Satan stellte, sah man alle
Reiche der Welt, aber Christi Standpunkt war dennoch höher.
Er sah über Jahrhunderte hinweg und wußte, was nachmals
kommen werde. Wie klein erscheint doch auf diesem Standpunkt
alles, was uns das Größte zu sein pflegt, und wie anders!
Was uns das Lebensziel ist, Ruhe, Behagen und Glück, ihm
ist es eine hemmende Bürde für seinen Lebensweg; was uns
lebenswerthe Selbstbeschränkung und Bescheidenheit heißt, nennt
er Mistrauen gegen Gott; was wir für weise Lebensklugheit
halten, ist ihm ein Hochverrath am Himmelreich. So hat er
der Welt Meinen und Wünschen mit den letzten Wurzeln und
Fasern aus dem Herzen gerissen. Da verließ ihn der Teufel;
und siehe, da traten die Engel zu ihm und dienten ihm.

10

Die Naturbetrachtung Jesu.

Math. 6, 28, 29.

Es hat eine Zeit gegeben — und diese Zeit liegt nicht allzu fern — in der man den Glauben an Gott vornehmlich mit den Wundern seiner Schöpfung zu beweisen und zu erläutern liebte. Es war das bekannte Wort eines Italieners, das man damals mit besonderer Liebe aufgriff und behandelte, das Wort jenes Vanini, den sie einen Gottesleugner genannt und auf den Scheiterhaufen gestellt hatten, und der noch auf dem Holzstoß ausrief: O, wenn ich von dieser Welt nichts gesehen hätte als den Strohbündel, den ihr hier herbeischleppt — wie wollte ich an der Existenz eines allmächtigen und allweisen Schöpfers zweifeln? Im Sinn dieser Rede liebte man es im vorigen Jahrhundert, aus dem Bau jedes Strohhalms, aus der Einrichtung jeder Blüte Gottes Herrlichkeit darzuthun. Heutzutage ist diese Betrachtungsweise in den Hintergrund getreten. Die Gegensätze der Confessionen, die Streitfragen der Parteien nehmen die Herzen so sehr in Anspruch, daß der gemeinsame Boden der Religion, in den sich alle Confessionen theilen, fast nichts mehr gilt gegenüber jenen Unterscheidungslehren. Von einer Erbauung vollends, in der Christen, Juden und Türken übereinstimmten, pflegt man gegenwärtig ganz ungemein wenig

zu halten. Dafür hat man längstverschollene Dinge wieder
aufgerührt, weil sie vor Zeiten zur Unterscheidung der Confessionen gehörten. Darüber ist denn jene fromme und innige
Naturbetrachtung verfallen, die allezeit ein eigenthümlicher Zug
wahrhaft religiöser Gemüther gewesen ist und die wir bei
niemand liebenswürdiger ausgeprägt finden als bei dem Stifter
unserer Religion, als bei Jesus Christus selbst. Mehr als
einmal hat unser Meister seine Jünger geheißen, auch an den
Vögeln unter dem Himmel, auch an den Blumen auf dem
Felde Gottes Güte und Herrlichkeit zu erkennen und in dem
Sprossen des Feigenbaums ein Gleichniß seiner Weltregierung
zu sehen. Diese fromme Naturbetrachtung ist darum gewiß
eines Christen wahrhaft würdig, und daran soll uns weder der
Hochmuth derer irremachen, die da glauben, dieses A-b-c der
Religion schon hinter sich zu haben, noch die gelehrte Einbildung
derer, die dieser ganzen Anschauung spotten, weil sie die natürlichen Gesetze des Werdens eine Spanne weiter zurück verfolgen
können und für die unerklärten Geheimnisse lateinische Namen
erfunden haben.

Jenen ersten gegenüber möchten wir uns darauf berufen,
daß gerade der, der von den tiefsten Geheimnissen der Gottheit
am meisten erkannt hatte, dennoch mit größter Liebe lebte und
webte in der Betrachtung der sinnlichen Natur. Wenn wir
die wenigen Reden durchmustern, die uns von unserm Meister
erhalten sind, wie viele Spuren treten uns da entgegen, daß
sein Auge weit geöffnet war für die Wunderwerke Gottes in
der Schöpfung. Er achtete auf die Zeit des Feigenbaums;
wenn die Zweige saftig wurden und die Knospen schwollen,
dann dachte er mit Freuden, daß der Frühling nahe, und schaute
dann, wie der Pflüger hinter dem Pfluge herging, und wie der
Achtsame gerade Furchen zog, und wie der die Augen zurück-

wandte, den Acker verunstaltete; und wieder sah er dem Säemann
zu, der die Körner ausstreute, und sah die Körner auf den
Acker fallen oder über den Acker hinaus auf die Straße, und
er sah, wie die Sperlinge von den Dächern flogen, und wie
die Hühner aus den Scheunen rannten und die Körner wegpickten,
und es that ihm leid um die andern, die des Wanderers Fuß
zertrat, oder der Wagen, der vorüberrollte, zermalmte. Und
er kam wieder zum Feld, da war hier und dort die Saat aufgegangen und stand fröhlich in ihrem grünen Scheine. Aber
als er des Abends des Weges zurückkehrte, fand er die Halmen
verdorrt, und er prüfte den Boden und fand felsigen Grund.
Und er sah wiederum in den Ecken unter den Dornen noch
einzelne Halmen kümmerlich emporwachsen, und freute sich endlich,
als die junge Saat fröhlich aufstrebte, die guten Boden gefunden;
kurz er hatte tausend Dinge gesehen, an denen ein fühlloses
Herz mit stumpfer Gleichgültigkeit vorbeigeht. Dann als er
wieder mit den Seinen vorbeikam, da wies er ihnen die blauen
und rothen Blüten, die der böse Feind zwischen die Aehren
gesäet hat, und bedauerte die guten Halme, die man zertrat,
um das Unkraut auszuraufen. Und der Sommer kam. Er
sah, wie sie arbeiteten in der Last und Hitze des Tags, im
Weinberg die Kelter aushöhlten, sah wie hinten im Garten
die Senfstaude aufgeschossen war zu einem Baum, daß die
Vögel sich hineinsetzten, und er kannte die guten und schlechten
Bäume und schaute nach ihren Früchten, und sagte ihnen im
gemüthvollen Scherz ihr Schicksal voraus. Er sah die Saat
sich weiß färben und die Schnitter hinausziehen, und achtete
auf den Brauch, wie sie die Garben binden und das Unkraut
verbrennen. Und wiederum sah er den Vögeln zu, wie sie
ihre Nahrung finden; sah wie die Henne ihre Küchlein unter
ihre Flügel versammelte, als der Falke am Himmel erschien,

und er wußte, wo die Vögel ihre Nester bauen und die Füchse ihre Höhlen haben.

So lebte und webte er in der innigsten, liebevollsten Betrachtung der göttlichen Schöpfung. Die stillen Nächte brachte er in der hehren Einsamkeit der Berge zu, oder in der geheimnißvoll einsamen Steppe, und ganze Wochen lebte er draußen in der Wüste „im Hause des Dursts, wo Drachen und Dämonen heulen". Wo er aber am liebsten weilte, das war dort an den lieblichen Ufern des Sees, der so anmuthsvoll mit seinem blauen Spiegel zwischen den Bergen liegt, überragt von den Schneehäuptern des Hermon, wo über die reizenden Ufer die dunkle Blüte des Oleanders herabhängt und die Cypresse ihre dichten Schatten spendet. Dort hat er dem Spiel der glitzernden Wellen zugeschaut und der Arbeit der Fischer, wie die Fische herauffahren nach dem verderblichen Köder und wie sie im Netze sich fangen; wie die Fischer am Ufer sie auslesen, die guten in die Bütte sammeln und die faulen zur Seite werfen. Dem allen hat der Herr geachtet und wer könnte heute noch seine Reden lesen, ohne durchzufühlen, welch sinnige, gemüthvolle Beobachtung dem Reichthum seiner Bilder voranging!

Was war es nun aber, was diese liebevolle Betrachtung ihm geoffenbart? Was haben ihm die Lilien Galiläas erzählt und die Vögel, die in den Wäldern von Tiberias nisten? Wir dürfen wol so fragen, denn es ist eine vieldeutige Kunde, die die sichtbare Schöpfung verkündet. Der eine liest Freude in ihr, der andere Trauer; Schrecken der eine, der andere Trost, und menschlich genommen haben beide recht. Denn von außen betrachtet ist am Ende in dieser Natur gerade so viel Finsterniß als Licht, so viel Leben als Tod. So viele Blätter grünen, so viele Blüten welken hin; so viele Früchte reifen, so viele Fluren dorren ab; so viele Wesen das Licht der Welt lächelnd

begrüßen, so viele Herzen brechen in herbem Todeskampf, und
der Mensch hat ganz die Wahl, mit den Lebenden sich zu freuen,
oder zu klagen mit den Sterbenden; fröhlich hinzuschauen auf
die, die ihres Lebens Höhepunkte feiern, oder die größere Anzahl
derer zu bedauern, die verkümmern, noch ehe sie entwickelt sind,
oder wieder hinwelken, nachdem sie nur wenige Jahre geblüht
haben. Daher denn die verschiedenen Urtheile über diese
Schöpfung: dem einen ist sie ein Tempel Gottes, dem andern
ein Jammerthal. Dem Dichter des 104. Psalms erscheint sie
als ein prangender Garten, da jede Blume Gottes Herrlichkeit
preist, und darin selbst die Thiere des Feldes seine Güte verkündigen. Dem Apostel Paulus dagegen scheint sie hineingezogen in den Fluch, der auf der Menschheit lastet, er hört alle
Creatur nur seufzen und sich sehnen und sich ängstigen — bis
sie wird frei werden von dem Dienst des vergänglichen Wesens,
dem sie unterworfen ist. Und diese verschiedene Betrachtung
findet auch jetzt noch statt. Dem einen erscheint Gottes Natur
als die mütterliche Freundin, die den Menschen liebkost mit
ihren milden Lüften und ihren wärmenden Strahlen, dem
andern als die dämonische Feindin, die all ihre Pfeile auf ihn
versendet, ihn erstarrt mit eisigem Hauch und austrocknet mit
glühendem Wüstenwind, dem sie die Arbeiten seines Fleißes
einstürzt, und die Wohnung tückisch in Flammen setzt. Der
eine sieht in ihr die liebende Mutter, die ihn nährt und tränkt,
ihm das anvertraute Korn hundertfach zurückgibt und ihre
Früchte und ihre Gaben über ihn ausschüttet — der andere
sieht in ihr die unerbittliche Feindin, die der verschmachtenden
Creatur ihre brennenden Strahlen aufs Haupt sendet und des
schutzlos Irrenden Nacken mit Schlossen und Hagel schlägt und
mit erkältendem, eisigem Regen. Dem einen ist sie ein großes
harmonisches Kunstwerk, da eins das andere stützt und trägt,

da eins im andern lebt und webt, dem andern ist sie ein sich
selbst verzehrendes Chaos, wo ein Theil vom andern verschlungen
wird. Und wenn ihr danach fragt: Gründe haben beide für
sich. Es ist draußen so viel Furchtbares als Wohlthätiges,
so viel Unvollkommenes als Herrliches. Neben der Pracht des
Frühlings und der Wohlthat des Sommers und dem Segen
des Herbstes tausend Organismen, die im Keim vergiftet sind,
tausend Hemmnisse, die die Entwickelung zurückdrängen: Hungers-
noth, Seuche, Hagelschlag, Frost und üble Witterung. Wer
will dies räthselvolle Wesen verstehen? Ist doch alles zwei-
deutig, doppelsinnig, widersprechend. Geheimniß alles, Wunder
alles — wer will das Räthsel lösen?

Dennoch aber muß es einen Standpunkt geben, von dem
aus die geheimen Fäden der Schöpfung sichtbar sind, und ihr
Zusammenhang und ihre Verknüpfung sich dem menschlichen
Auge erschließt. Wir müssen nur mit dem Blicke Jesu hineinschauen in diese große, reiche, blühende, lebendige — in diese
arme, karge, finstere, verwelkende und verschmachtende Natur —
da werden wir erfahren, was ihr Inhalt, und lernen, was ihre
Bedeutung sei. Er aber hat hineingeschaut mit dem Auge der
Liebe, er hat sich in sie versenkt und sich ihr hingegeben mit
dem liebevollen Herzen, das an dem Gras, das zertreten wird,
nicht fühllos vorbeigeht, und Lilien bewundert, wie sie zu
Tausenden auf den Feldern wachsen. Da haben sie ihm das
Geheimniß der Schöpfung verrathen, daß sie alle Kinder der
Vorsehung sind, daß Gott sie nährt und kleidet, ihnen die Feuchte
zuführt, die drunten sickert im kühlen Grund unter Moos und
Stein, daß er das Licht ihnen zuführt, das sie in bunte Farben
kleidet, daß er die Wolken über sie herführt, die sie tränken
von oben herab. Die Vögel haben ihm verkündet, daß keiner
der ihren aus dem Neste zur Erde gefallen sei ohne ihn, daß

Hausrath.   8

er die jungen Raben am Bache tränke, daß er des Wildes
Stöhnen und Seufzen höre, das ihm Dickicht des Waldes
seinen letzten Athem aushaucht. Wollte aber einer sagen, daß
eben auch das die Täuschung eines gläubigen, liebenden Herzens
sei, daß auch dieser Standpunkt der Liebe einseitig, irreleitend
sei, wie die andern alle, eben auch nur eine Voraussetzung,
wenngleich in einem christlich wohlmeinenden Sinne gewählt:
der lasse sich bedeuten, daß diese Voraussetzung eine durchaus
nothwendige, unerläßliche ist. Denn nur die Liebe selbst kann
verstehen, was Liebe ist und was Liebe will. Es ist der Natur
gegenüber nicht anders als der Menschenwelt. Kann doch selbst
in dieser Menschenwelt, wo jedes Herz eine Sprache hat, in
der es ausdrücken kann, was es meint und will, kann doch
auch hier nur die Liebe empfinden, verstehen, ahnen und wissen,
was Liebe meine und wolle. Wenn das aber dem redenden
Menschen, dem Bruder und Genossen gegenüber so ist, um
wieviel mehr der Natur gegenüber, die nicht antworten kann,
wenn man sie fragt, und sich nicht vertheidigen, wenn man sie
angreift. Wieviel mehr braucht sie das liebevollste Verständniß.
Nur die Liebe schaut in der Blume, die verwelkt und zertreten
wird, eine Herrlichkeit und Kunst, gegen die alle Pracht Salomonis
nur eitle Flitter und leeres Rauschgold sind. Nur die Liebe
sieht in den Vögeln, wie sie in Schwärmen durch die Lüfte
ziehen, Gottes Geschöpfe, und weiß, daß der Allliebende auch
des Wunsches achtet, der in ihrem kleinen Herzen zuckt. Nur
die Liebe sieht in dem Ganzen eine große, göttliche Harmonie,
der jedes Einzelne sich dienend hingibt. Nur sie versöhnt die
Widersprüche, an denen der Zweifel kleben bleibt; sie vernimmt
den Laut, der vom Himmel zur Erde niederklingt, und die
Sehnsucht, die von der Erde die Seele nach oben weist. Daß
es eine ewige Liebe sei, die draußen wehe über den tosenden

Wellen des Oceans, daß ein Auge der Liebe wache über der Stille der einsamen Thäler und Bergeshalden, daß es eine ewige, heilige Harmonie sei, die draußen sich gestalten wolle, daß sie schön, göttlich schön sei diese irdische Welt unseres himmlischen Vaters, das läßt sich nur empfinden in glühender Empfindung. Aber auch in dieser Empfindung will Gott sich offenbaren, und wenn in irgendeiner, so ist in ihr ein Schatten der ewigen Wahrheit. Wenn von irgendeiner, gilt von ihr des Dichters Wort: „Was wir als Schönheit hier empfunden, wird dort als Wahrheit uns entgegengehn."

Ein Letztes endlich, das die Naturbetrachtung Jesu charakterisirt, ist das Gottvertrauen, das er aus ihr schöpft.

Es ist ein unvergeßliches Wort, das ihm die Vögel unter dem Himmel, das ihm die Blüten auf dem Feld, das ihm die Halme am Wege zurufen, jenes: Was wollt ihr sorgen und sagen? Das wird stets das Wort sein, das der Schöpfung Herrlichkeit einem unverdorbenen Herzen predigt. Das rühmet ihr alle, die ihr die Blicke hinaus habt schweifen lassen über die bunt besäeten Fluren, hinüber über die Kuppen der Berge, hinein in den Reichthum der Wälder, daß euch das Herz dabei ist aufgegangen und all der kleine Gram des Lebens, der euch drunten drückte und ängstete, tief, tief unter euch lag, da die ganze Natur nur das Eine euch zurief: Du thöricht und verzagtes Menschenkind, was willst du sorgen und sagen? Der die Myriaden Sterne gegründet, der diesen Erdenball geschmückt, der den Wald aufgebaut so hoch dort oben und die Felsen gefestet an des Meeres Brandung: er sollte für dich, du armes Menschenkind, nicht Raum, nicht Luft und Licht haben? Er, der an den kleinsten Wurm seine ganze Weisheit, Güte und Herrlichkeit verschwendet, er sollte dich versinken und verderben lassen? Siehe, es zieht wie eine Choralmelodie durch diese

Wälder und Auen: Den Sternen, Wolken, Winden bezeichnet er die Bahn, er wird auch Wege finden, die dein Fuß gehen kann!

Noch viel Sonnenlicht, noch viel Glück und Segen ist auch für dich übrig, du kleinmüthig Herz! In vollen Händen streut die ewige Güte ihre Blüten über die Erde, sie tränket die Berge von oben her und träuft mildem Regen über die schmachtenden Fluren. Ihre Werke strahlen wie am ersten Tag, denn Gottes Macht ist noch nicht erlahmt und seine Güte ist noch nicht erschöpft. Was willst du dich sorgen, du thöricht Menschenkind! „Schau' die Lilien auf dem Felde, wie sie wachsen, sie arbeiten nicht, auch spinnen sie nicht. Ich sage euch, daß auch Salomo in aller seiner Herrlichkeit nicht bekleidet war als derselben eine. Siehe die Vögel unter dem Himmel an, sie säen nicht, sie ärnten nicht, sie sammeln nicht in die Scheunen, und euer himmlischer Vater nähret sie doch."

Das ist die Art der Naturbetrachtung Jesu, und es gibt keine erhebendere, tröstlichere und auch eine tiefere nicht. Bald predigt ihm der Vogel in der Luft Vertrauen gegen Gott, bald die Blume des Feldes Bescheidenheit, und wieder wird ihm der Sonnenstrahl zum Gleichniß der göttlichen Gnade. Mit solchen Ahnungen sollen auch wir hineinschauen in diese ihrem Gott geschmückte und blühende Natur. Nur wem sie nach oben deutet, der hat ihren Sinn verstanden.

11

Charfreitag.

Luc. 23, 26—32.

Was dem Verbrecher furchtbarer ist als der Moment der Hinrichtung, und was die Zuschauer derselben beklemmender zu empfinden pflegen als die Vollstreckung des Urtheils selbst, das ist der furchtbare letzte Gang, bei dem jeder Schritt dem schrecklichen Tode näher bringt. Dem Entsetzlichen selbst entgegengehen zu müssen und die Qualen gleichsam zum voraus durchzuempfinden, verschärft von dem Stacheln der Phantasie, das macht die Knie der fühllosesten Verbrecher wanken, das beklemmt des stumpfsinnigsten Zuschauers Brust. Aber nun seh' doch, wie bei solchem letzten verhängnißvollen Gang nach dem Richtplatz, auf dem wir heute unsern Meister zu begleiten haben, alles — alles so ganz anders erscheint. Vor ihm erhebt sich der unheimliche Hügel Golgatha, die Schädelstätte, neben ihm tragen sie das furchtbare Marterholz, die Menge, die ihr „Kreuzige, Kreuzige" gerufen, ist verstummt und zieht lautlos mit. Die Weiber fangen an zu weinen und zu klagen, er aber, dem das alles gilt, er sinnt nach über das verhängnißvolle Geschick seines Volkes, das er hatte erretten wollen und das ihm mit den furchtbaren Freveln der vergangenen Stunde und mit der Qual der kommenden gelohnt hat! Und dieses Schicksal

seines Volkes erscheint ihm so furchtbar, daß er der eigenen
Todesstunde vergißt und sich umwendet zu den Jammernden
und ihnen zuruft: „Nicht über mich weinet, ihr Töchter Jeru=
salems, weinet über euch selbst und über eure Kinder,
denn siehe, es wird die Zeit kommen, in welcher man sagen
wird: Selig sind die Unfruchtbaren und die Leiber, die nicht
geboren haben, und die Brüste, die nicht gesäugt haben. Dann
werden sie anfahen zu sagen zu den Bergen, fallet über uns,
und zu den Hügeln, decket uns! Denn so man das thut am
grünen Holz, was will am dürren werden?"

Sehet die Würde des Erlösers auch bei diesem letzten
schweren Gang! Selbst in dieser Stunde, die so recht seine
Stunde ist, in der ganz Jerusalem an ihn denkt, denkt er
nicht an sich. In dieser Stunde, in der selbst seine Feinde
das unbehagliche Gefühl beschleicht, an ihm eine Schandthat
begangen zu haben, in dem Augenblick, in dem die Weiber über
ihn in Thränen ausbrechen nach Weiberart, weint er nicht über
sich, sondern über sein armes, verleitetes, über sein unglück=
seliges Volk. Noch jetzt selbst, da sie ihm das Kreuz nach=
schleppen, scheint ihm sein eigen Schicksal erträglicher als die
Zukunft derer, die um ihn zu weinen glauben. Ihm sind die
Thränen, mit denen sie heute seinen Gang begleiten, nicht mehr
werth als die Palmen, mit denen sie gestern seinen Weg bestreuten.

Weinet über euch! ruft er ihnen zu, und Grund genug
hatte er zu diesem Rufe. Denn in ihm war eine Wahrheit,
die sie nicht begriffen, in ihm war eine Reinheit, die sie nie
gekannt, ihm ist der Sieg, der ihrer nicht wartet.

I.

Nicht über mich weinet, weint über euch selbst, so ruft
Jesus den Jerusalemiten zu, und verschmäht damit das schmähliche

Mitleid, das sie ihm in Thränen zollen. Konnte er auch wol
eine Bedeutung, konnte er einen Trost in ihren Thränen finden?
Wissen sie doch kaum, warum sie weinen! Daß da drei zum
Kreuze geführt werden, das mag sie wol ein so beweinens-
werthes Schicksal dünken, als es auch wirklich ist; daß ein
Prophet soll angenagelt werden an das Marterholz und da
soll langsam verschmachten und verbluten in Durst und Fieber-
qual, das rührt ihr weibliches Mitgefühl, und sie weinen und
klagen, wie sich das für weiche Seelen schickt, die kein Blut
mögen fließen sehen. Aber von dem furchtbaren Ernst dieser
Stunde haben sie dennoch nichts begriffen. Daß hier ein
Träger der göttlichen Wahrheit gekreuzigt wird, wissen sie nicht.
Sie haben ihn nicht erkannt, nie verstanden, auch in der letzten
Stunde nicht, und das ist ernster, als was ihren Busen beklemmt,
das ist furchtbarer als selbst die Qualen dieser Stunde — daß
sich so die große Tragödie vollendet, von der das Evangelium
zeugt: das Licht scheint in die Finsterniß und die Finsterniß hat
es nicht begriffen!

Er hatte gezeugt von der Wahrheit, die frei macht, er
hatte die Formeln ausgesprochen, die den Fluch lösen sollten,
der seit Jahrhunderten auf der Menschheit lag; er hatte das
Heilmittel verkündet für all die Schmerzen, unter denen sie
stöhnten — und sie hatten ihn kaum angehört. War er ja
aus Galiläa, was kann aus Nazareth Gutes kommen? — Sie
lagen gefangen und gebunden an Seele und Geist, dumpfer
Druck lag auf ihnen, unerklärter Schmerz, sie wußten nicht,
von wannen und woher, aber er trieb sie friedlos umher bei
Tag und hielt sie wach in den langen Stunden der Nacht.
Da kam ein Heiland sie zu heilen von innen heraus und ihnen
gründlich zu helfen — sie aber meinten: Das ist eine harte
Rede, wer mag die hören? Hell und leuchtend war der Meister

vor ihnen erschienen und hatte aus dem guten Schatze seines
Herzens ihnen das Beste gespendet — sie aber wurden seiner
ewigen Mahnungen müde und boten die Hand dazu, ihm den
Mund für immer zu schließen.

Das war das schwere Verhängniß dieser Stunde, daß
die nach Erlösung schmachten den Erlöser von sich stoßen, daß
die nach dem Messias sich sehnen, die von ihm singen im
Tempel, nach ihm suchen in der Schrift, von ihm weissagen
in den Schulen, — daß die selbst ihn ans Kreuz schlagen.
Das ist das Verhängniß dieser Stunde, das schwerer wiegt
als selbst die Blutschuld, die sie auf sich laden.

Aber davon haben alle die, die ihn geleiten, keine Ahnung!
Sie wissen nicht, was sie thun, die ihn kreuzigen. Sie wissen
nicht, was sie thun, die um ihn weinen. Und das ist's, was
dem Herrn den Schmerzensruf über sie erpreßt, und durch sein
Herz geht die Klage: Ach daß du es hättest bedenken wollen
zu dieser deiner Zeit, was zum Frieden dient!

Aber wundert euch über die dunkle Fügung dieses Schick-
sals nicht. Berufnere als die Israeliten waren, gehen einher
und sind dem gleichen dunkeln Los verfallen! Sind sehenden
Auges blind gegen die Zeichen des Himmels, sind hörenden
Ohres taub gegen die Worte der Propheten. Sie wandeln
trotz aller Warnungen und Lehren, die Gott ihnen zukommen
läßt, wandeln trotz der bittern Empfindung ihres Elents unver-
wandt dem Abgrund zu, der sie verschlingen wird. Ewig fremd
blieb ihnen der Inhalt unserer Lehre, unverstanden das Reich
des Geistes, verschlossen die große Offenbarung des göttlichen
Worts, unbegriffen die himmlische Aufgabe unseres Geschlechts,
und wenn dann einer neben ihnen sein Kreuz auf sich nimmt
um dieser himmlischen Güter willen, und sein Leben hinopfert,
um dem ewig Schönen nachzuleben, da fühlen sie Mitleid

mit ihm und nicht mit sich. Ja wenn ein Prophet, nach der Welt Weise, zur Kreuzigung geführt wird, das rührt sie noch. Sind die Träume des Geistes wol solcher Opfer werth, denken sie? O wenn ihr sie nicht begriffen habt, diese Träume, ja dann weinet, dann weinet bittere Thränen! Aber weint sie über euch selbst, denn ihr seid die Verurtheilten und eure Finsterniß und eure Thorheit ist euer eigen Gericht!

II.

Es ist aber auch ein zweiter Grund, warum Jesus unter der ganzen Schar, die ihm folgt, der am wenigsten Beweinenswerthe war, und der ihn doppelt berechtigt zu dem Ruf: Weinet nicht über mich, sondern weinet über euch, ihr Töchter Jerusalems! Hat er doch in den letzten Tagen genug erfahren, tief genug hinabgeblickt in den Abgrund der Verworfenheit seines Volks, und was er da gesehen, das preßt ihm blutige Thränen aus! Der Gram über ihre Schuld läßt ihn des eigenen Jammers vergessen, und so ruft er ihnen zu: weinet für euch selbst, denn ihr seid es, die das alles verschuldet! Freilich, werdet ihr sagen, die Frauen, die hier sein Schicksal beweinen, sie sind es doch nicht, die ihn verklagt, die ihn verurtheilt, die ihn zum Hochgericht geschleppt haben? Nein sie haben den Stab nicht gebrochen und haben das Urtheil nicht vollstreckt. Aber sind sie nicht die Mütter, Schwestern und Töchter derer, die das „Kreuzige, Kreuzige!" gerufen, und ihr werdet keine Zeit zu nennen wissen, in der ein Geschlecht schuldlos gewesen wäre und das andere dem Verderben verfallen! Die hier weinen, sind die Mütter seiner Mörder, sie haben ihre Knaben vor Jahren auf den Knien gewiegt, haben sie verwöhnt und verwildern lassen, haben sie vollgepropft mit all den Vorurtheilen,

die hier ihre furchtbare Ernte halten, haben sie erzogen zu dem
Fanatismus, der hier seine blutigen Feste feiert. Das freilich
hatten die Mütter Zions nicht gedacht, daß der ungebändigte
Trotz des Söhnleins heranreifen könnte zu einem Ungeheuer,
das gegen den Messias die Hand aufhebt, und das hatten die
Töchter Jerusalems sich nicht träumen lassen, daß, wenn sie
eitler Hoffart und glänzendem Taud nachlebten, wenn sie die
Ueberlieferungen der Eitelkeit hegten, pflegten und weitergäben,
sie damit mitschuldig würden an jenem weltlichen Geiste, der
den Messias nur darum verwirft, weil er nicht mit Purpur
und Krone auftritt, sondern als Zimmermannssohn. Ja sie
haben allesammt den Taumelkelch geleert und wieder gefüllt,
und seinen Inhalt gepriesen und ihn den andern gereicht, sie
haben alle dem Geist der Zeit ihre Gaben gebracht und ihre
Lieder gesungen und haben ihn mächtig werden lassen, und
nun, da der Götze, dem sie gehuldigt, ein Opfer fordert, ein
schauerlich blutiges Opfer, da brechen sie in vergebliche unfrucht-
bare Thränen aus und wollen keinen Theil haben an dem
Blute dieses Gerechten! Ach, meine Freunde, wo die Menge
eine solche That begeht, ein solch schwarzes, schauervolles Verbrechen, da schlage nur jeder an seine Brust und bekenne, wir
haben alle unsern Beitrag dazu gegeben, haben beigesteuert
nach besten Kräften. Denn was geschieht, ist nicht die That
eines Einzelnen. Die Gesammtheit hat mitgewirkt und ist
mitverantwortlich. Wir haben alle den Geist großgezogen,
dessen Kind der Sünder war. Darum weinet nicht über den
Mishandelten, weinet über euch selbst! Euere Trägheit hat
das Unkraut wuchern lassen, das jetzt den Acker überdeckt, euere
Schwachheit hat das Böse kühn gemacht, euer Eigennutz hat
den Beweinten preisgegeben, euere Eitelkeit und Hoffart hat
mitgewirkt, das Urtheil über Recht und Unrecht zu verwirren,

So ist die That geboren worden, vor der ihr nun selbst
zusammenschaudert. Darum ruft der Herr: Weinet nicht über
mich, über euch weinet, ihr Töchter Jerusalems!

III.

Weil es dasselbe Volk ist, das die Propheten von je
getödtet hat und gekreuzigt, die an es gesandt sind, weil es
die gleichen eitlen, feilen, hoffärtigen Töchter Zions sind, gegen
die schon Jesaja geeifert, deren Thränen hier fließen, darum
weist Jesus ihr Mitleid zurück. Doch angenommen, es seien
die hier Weinenden anderer Art, Ausnahmen ihres Volks und
ihres Geschlechts, weiche Frauenherzen, reine Kinderseelen, dennoch wäre es auch dann noch wahr, daß sie mehr seiner Thränen
bedürfen als er der ihren. Auf ihre eigene Zukunft weist Jesus
sie hin. „Wenn das am grünen Holze geschieht, was will am
dürren werden? Wer wird sicher sein, wenn Jesus auf Golgatha
endet? Zeigt ihnen nicht der heutige Tag, daß ein Geist ist
großgezogen worden, der nicht ruhen und rasten wird, bis er
alle hineingezogen hat in seine Strudel und sie hinabgerissen
in seinen Abgrund? Wenn ihr die Unschuld leiden seht, weinet
über euch selbst, weinet über den Jammer dieser Verhältnisse,
unter denen alle leiden und in denen gerade die Besten am
elendesten zu Grunde gehen. Zittert vor den Uebeln, die im
Schwange gehen, und die keiner bemerkt, weil sie alle theilen,
zittert vor der Genußsucht, die alles vergeudet, um stets nur
unersättlicher, stechender, selbstverzehrender zu werden, zittert
vor den Dämonen, die in der Menge schlummern und die heute
die Larve gelüftet und ihr wahres Antlitz gezeigt haben. Zittert
vor den Schwachheiten und Thorheiten, vor den Sünden und
Leidenschaften, die jetzt schon Leiden genug euch gebracht haben

und die vielleicht zum furchbaren Fluch werden für eure Zukunft!
Denn es ist nun einmal eine innige Verbindung des Allgemeinen und Einzelnen, in die wir verflochten sind. Wenn ein
Glied leidet, so leiden alle Glieder mit, sagt der Apostel, und
glaubt nicht, daß es ein Mittel gäbe, sich dieser Mitleidenschaft
zu entziehen. Seht vielmehr in dem, der heute hinausgeführt
wird, euer eigen Schicksal euch vor Augen gestellt, und glaubt nicht,
daß euere Unschuld, euere Friedfertigkeit, euere Abgeschiedenheit
euch vor diesen Leiden bewahren wird. Wo in einem Volke
die Verblendung so weit gestiegen, daß es sich Heuchler und
Schurken zu Leitern wählt und es gegen die Heiligen und
Reinen sein „Kreuzige, Kreuzige“ ruft, da ist es Zeit, auch die
Unschuldigen zu beklagen, denn von solchem Volke und solcher
Stadt gilt allezeit die Verheißung: „Es wird die Zeit über
dich kommen, daß deine Feinde werden um dich und deine
Kinder mit dir eine Wagenburg schlagen, dich belagern und an
allen Orten ängsten.“ Wo Wahnsinn und Verbrechen in die
Herrschaft sich theilen, da wird der Sturz des Volkes nicht
lange ausbleiben, und zum Volke, das leidet, gehört dann nicht
nur der Kreis der Frevler, die in seinem Namen gehandelt,
sondern dann heißt es: „Wehe aber den Schwangern und den
Säugenden zu der Zeit, denn es wird eine große Noth sein
und ein Zorn über dies Volk.“ Sind die Furien entfesselt
und die Dämonen losgelassen, dann wähnet nur nicht, daß
ihr dem Verhängniß entfliehen werdet, weil ihr daran schuldlos
seid. Hat der verheerende Krieg seine furchtbaren Gewalten
entbunden, dann werden die friedlichen Saaten dessen, der milden
Sinns zum Frieden gerathen, nicht minder zerstampft, seine
Hütte nicht minder verwüstet, als dessen Eigenthum, der böswillig und in arger List den Krieg gerathen, befördert und
angefacht hat. Darum fürchte jene Mächte, die da unten ihr

Wesen treiben, und wenn du sie erstarken siehst, wenn du siehst, wie sie der edelsten und reinsten einen ergreifen, mißhandeln, vernichten — dann halte auch du dich nicht für sicher und zittere für deine Zukunft und für dein Glück.

Und wollt ihr dann noch der leidenden Unschuld eine Thräne weihen, so mögt ihr! Thränen des Mitgefühls ziemen jedem menschlichen Herzen. Nur aber glaubt nicht, daß die leidende Unschuld eurer Thränen wirklich bedürfe. Sie ist von Gott getröstet und empfindet Mitleid nicht mit sich, sondern mit denen, die sie verfolgen. Denn die um einer großen Sache willen leiden, sind nie unglücklich, unglücklich sind nur die Verfolger, und beweinenswerth alle die, die dazu mitgewirkt, wissend und unwissend. Darum scheiden wir von dem Kreuze auf Golgatha nicht mit Gebeten für Jesum, nicht mit Thränen über sein Schicksal, sondern mit dem Gebet für uns, daß Gott uns Thränen gebe, all die Sünden zu beweinen, an denen wir mitschuldig, für die wir mithaftbar sind, damit aus den Thränen die Saat der Herrlichkeit reife.

12

Ostergrüße.

Pf. 2.

Wie nach gewaltigen Erschütterungen und Kämpfen der ersehnte Bote des Friedens, wie nach des Winters Stürmen und Frösten die ersten lieblichen Kinder des Frühlings, so seid auch ihr uns willkommen, Tage der Auferstehung und Rechtfertigung unsers Herrn, Vorboten eines himmlischen Friedens, Morgenroth eines ewigen Frühlings! Weht uns doch aus diesen linden Lüften, die den Winter begraben, die göttliche Verheißung entgegen: Solange die Erde steht, soll nicht aufhören Samen und Ernte, Frost und Hitze, Sommer und Winter, Tag und Nacht. Verkündigt doch die frohe Botschaft dieses Tages des Dichters Wort: Der Engel des Herrn lagert sich um die her, so ihn fürchten, und hilft ihnen aus.

Denn das ist doch der Grundgedanke dieser Botschaft: Christ ist erstanden, daß der Herr seinen Gesandten nicht verlengnet, daß der Vater des Sohnes nicht vergessen hat. Wie gewaltig auch des Winters Stürme tobten, und wie spät er sich auch rächte mit tückischem Frost und schneidenden Lüften, dennoch mußte es Frühling werden, und wie auch die Feinde der Wahrheit sich stemmten gegen Jesum, sie vermochten dennoch nicht, das neue Licht zu dämpfen. So ist uns das Evan-

gelium des Ostertags die selige Bürgschaft, daß alle Räute
und Anschläge der Menschen nichts vermögen wider Gottes
Rathschluß, und daß dem allezeit der Sieg verbleibt, der Wahrheit
und Recht auf Erden vertritt.

Denn der Ruhm wird den Feinden Jesu bleiben müssen:
wenn es nicht an sich schon Thorheit wäre, anzustreben gegen
Gottes Plane, wenn es nicht an sich schon Ohnmacht wäre,
ohne ihn den Kampf zu beginnen, so wären große Macht
und List ihnen nicht abzusprechen. Seit der Stunde, daß
Jesus die Larve der Heuchelei ihnen vom Angesicht gerissen
und sie ins Herz getroffen mit seinen Worten, seit er ihnen,
den Heiligen des Landes, die an den Ecken beteten, die fromme
Gewänder trugen bis zur Erde und Denkzettel weithin sichtbar,
seit er ihnen Wucher und Habsucht vorgeworfen, seit er ihnen,
die zu allen Stunden im Tempel beteten und zweimal fasteten
in der Woche, Heuchelei zum Vorwurf gemacht und sie dem
Gelächter der Menge preisgegeben, seit der Stunde hatten
sie ihm den Tod geschworen, und deß sei gewiß, entlarvte
Heuchelei ist unversöhnlich und pflegt ihre Schwüre nicht zu
vergessen. Da werden alle Mittel in Bewegung gesetzt, ihn zu
verderben, da werden alle Anklagen auf ihn gehäuft, die ver-
schiedensten zu gleicher Stunde. Da soll das Volk ihn steinigen
als Volksverräther, und die Obrigkeit ihn festnehmen als Auf-
rührer und Rebellen. Da sollen die Herodianer ihn heimlich
wegschaffen als ihren Widersacher, und die Römer ihn öffentlich
hinrichten als Gegner ihrer Herrschaft. Unter dem Pöbel
wird gewühlt, und in den Palästen wird verleumdet. Kein
Mittel ist zu schlecht, es wird gebraucht, kein Widerstand zu
groß, er wird gebrochen. Und endlich — Jehova sei Dank —
ist es so weit. Endlich ist die Masse erbittert, ist das Synedrium
ergrimmt, ist Pilatus geneigt, ist Herodes ärgerlich, endlich ist

es geglückt, woran sie viele Wochen gearbeitet, und der Tag der Rache geht blutig auf. Endlich schlägt die Stunde, und der Verächter ihrer Heiligkeit und ihrer Heiligthümer wird hinausgeführt auf den Richtplatz und wird mit Verbrechern gekreuzigt, und sie umstehen das Kreuz und weiden sich an seinen Schmerzen, und wie er die Augen schließt, so sind sie von einem Alp befreit, und wie der Stein auf seiner Gruft ihn deckt, so fällt ein Stein von ihrem Herzen. Im Triumph geht's nun zurück zur Stadt, Passah zu feiern, wie es dem Frommen ziemt. Und sie stehen wieder vornen im Tempel und plappern die Gebete, sie schwingen das Rauchfaß und singen die Psalmen. Das Volk sagt wieder Rabbi und sie sitzen ungeschmäht obenan in den Schulen. Sie haben gesiegt, triumphirt. Denn der Gegner ist todt, und der Lebende hat recht. Aber hört doch — was einer dem andern zuraunt und was man ringsum flüstert, was von Mund zu Mund geht und bald von den Dächern gerufen wird! Er ist wieder da, den ihr todt glaubtet; er ist wieder da, den ihr gemordet! Den ihr begraben habt, er ist wieder lebendig! Fragt in Jerusalem, er war bei den Zwölfen, fragt in Galiläa, vor mehr denn fünfhundert Männern hat er sich gezeigt, und zweifelt nicht, das Schwert hängt wieder über euern Häuptern und der Tag des Gerichts wird sicher anbrechen.

So ist denn die eine Lehre, die Christi Auferstehung mit Flammenschrift ins Buch der Geschichte schreibt, daß zum Thoren wird, wer wider Gott ankämpfen möchte! Wer wider Wahrheit, Recht und Freiheit, wer wider Gottes Geist den Kampf unternimmt, deß Schwert ist schon zerbrochen, noch eh' er's erhebt; wer mit ihm den Streit aufnimmt, der ist schon geschlagen, noch eh' er die Fehde begonnen! Was toben die Heiden und reden die Leute vergeblich, lehnen die Könige sich auf und

rathschlagen die Herren wider den Herrn und seinen Gesalbten?
Der im Himmel wohnet, lachet ihrer, der Herr spottet ihrer —
mit seinem Scepter wird er sie zerschlagen, wie Töpfe wird
er sie zerschmeißen!

Aber noch eine andere Auferstehung sehe ich, an allen
Enden der Erde. Auch der entschwundene Christus fährt fort
zu kämpfen. Den Lebenden habt ihr gehaßt, aber den Gekreuzigten habt ihr zu fürchten! Bald wird er euch begegnen auf
allen euren Wegen, von allen Zungen werdet ihr hören den
verhaßten Namen, in allen Landen wird sich riesengroß seine
Gestalt erheben — wo wollt ihr hingehen vor seinem Geist,
wo wollt ihr hinfliehen vor seinem Angesicht? Der Herr hat
ihn eingesetzt zu seinem König auf seinem heiligen Berge und
hat zu ihm gesprochen: Heische von mir, so will ich dir die
Heiden zum Erbe geben und der Welt Ende zum Heiligthum!
Ja die ganze Geschichte unserer Kirche ist eine solche Auferstehung
Christi, die eben diese Lehre verkündigt: Daß der Mensch nichts
vermag wider Gottes Wahrheit, wider seinen Geist! Die Juden
glaubten Christum todt, und er erhebt sich aus dem Grabe, sie
glaubten seinen Geist gebannt zu haben, und in ganzen Gemeinden
ersteht er aufs neue, sie zersprengen die Gemeinden nach allen
fünf Enden der Welt, aber statt der einen zerstörten erheben
sich ihrer fünfzig. Habt ihr die Samen des Leontodon gesehen?
Lichter nennen sie die Kinder und blasen sie aus, aber wo im
Herbste die eine Blume verwehte, da werden im Frühling ihrer
tausend stehen, denn jedes Theilchen ist nun für sich zum
Ganzen geworden! Das war die Weise, wie das Christenthum
um sich griff! Trotz alles Hasses der Juden hatte Christus
den Sieg errungen.

Aber ein mächtiger Gegner vertritt ihm nun den Weg und
ruft! Nicht weiter, zurück zu den Todten! Rom wider die

Gemeinde. Ein ungleicher Kampf, werdet ihr sagen. Dort ein Häuflein verachtetes Volk, hier eine Weltmacht, die ihre Grenzen hinausgeschoben hat bis zum Atlantischen Ocean und bis zur Mauer der Pikten und Schotten, die ihre Adler an der Donau aufgepflanzt und am Saum der Arabischen Wüste. Wer ihr entfliehen wollte, der müßte zu den Barbaren des Nordens flüchten oder in die brennenden Steppen des Südens. Mit einer Macht soll diese Gemeinde kämpfen, die über Millionen und Millionen von Armen verfügt und deren Mittel uner- schöpflich sind. Sie hat Gefängnisse und Richtstätten, Gladiatoren und wilde Thiere, Spione und Henker, und was noch schlimmer ist, sie hat Ehrenstellen und Belohnungen, sie hat nicht nur den Schrecken, sie hat auch die Verführung. Und dennoch — was vermag diese Weltmacht wider Gottes Geist? Neunmal glaubt sie die neue Sekte vertilgt zu haben mit Brand und Blut, mit Feuer und Schwert. Die Kirchen sind zerstört, die Kreuze zerschlagen — aber unter der Erde in den Katakomben, draußen in altem Gemäuer, in einsamen Schluchten — da tönen die alten Weisen fort, und keine Gewalt der Welt vermag sie zu unterdrücken. Wer wollte auch die seligen Blicke der Märtyrer auffangen, vor denen die Herzen hinschmelzen? Wer wollte die Worte abschneiden, die die Lüfte weiter tragen und die in den Gemüthern wurzeln bleiben? Wer will den Strom des göttlichen Geistes aufhalten, wenn er die Völker ergriffen hat? Wie willst du die strafen, die das Martyrium eine Belohnung dünkt, wie willst du die schrecken, denen der Tod die Krone spendet? Welche Macht der Welt will da hemmen und halten? Mächtiger, als wenn ein Ungewitter durch den Tannenwald braust, ist des Geistes Kraft, wenn er die Menschen ergreift. Kräftiger als der Regen vom Himmel, der die ver- schmachteten Fluren tränkt, ist die Gnade von Gott, wenn sie

die Herzen durchdringt! Dies arme Rom, was hat es solchen
Kräften entgegenzusetzen? Kaiserliche Edicte und Soldaten,
Ehrenstellen und Verweise, Beförderungen und Bestrafungen!
und damit wähnen sie den Geist der Geschichte aufzuhalten,
wenn er im Anzug ist? Sie sollen doch hingehen, den Rasen
zurückhalten, wenn er wachsen will! Sie sollen doch hingehen
und die Sonne verhängen, wenn es tagen will, sollen die
Ströme vom Himmel wegfangen, wenn es niederwärts flutet!
Die Erbarmungswürdigen, die es an den Ecken anschlagen,
daß das Christenthum verboten sei im Namen des Kaisers, die
ihren Beamten verkündigen, daß Strafe darauf gesetzt sei!
Verbietet doch das Licht, wenn die Sonne scheint, verbietet, daß
die Blätter fallen, wenn der Sturmwind braust! Der im
Himmel wohnet, lachet ihrer, und der Herr spottet ihrer! Dies
arme Rom, wie hat es sich gequält, den neuen Geist einzu-
fangen mit seinen Netzen und ihn zu erwürgen. Wie hat es
sich gemüht, neue Qualen zu ersinnen und neue Strafen aus-
zudenken. Alle Mittel der Welt wurden in Bewegung gesetzt
wider diese christliche Gemeinde! Sie ist das Weib mit der
Sonne bekleidet, das vom Drachen verfolgt wird, wie Johannes
sieht. Der Drache scheucht sie bis an den Saum der Wüste —
da wachsen ihr Adlerschwingen und sie steigt in die Lüfte
empor! Er will sie ertränken mit Strömen Wassers, aber
die Erde öffnet ihren Mund und die Ströme versinken! Neunmal glaubte dies stolze Rom seinen Gegner erlegt zu haben,
und zum zehnten mal erhebt sich mächtiger, drohender seine
Gestalt über den Gräbern der Märtyrer, bis endlich der letzte
der Cäsaren sterbend bekennt: Du hast gesiegt, Nazarener, die
Welt ist dein!

Ja er hat gesiegt, und eine neue Auferstehung des Gekreuzigten sehen wie an allen Enden der Welt. Er schreitet durch

9*

die Völker und Wunder vollbringt er wie zu Johannes Zeiten.
Könige werden demüthig und Bettler werden zufrieden! Starke
sind nachgiebig und Schwache ohne Neid! Kranke sind fröhlich
und Sterbende voll Seligkeit! Kinder sind muthig, Jünglinge
bleiben rein, Männer sind voll Sanftmuth und Greise voll
Bescheidenheit. Ja der Herr ist auferstanden und regiert die
Welt, und es ist wie das Wehen eines neuen Geistes durch
alle Lande. Er hat es wahr gemacht, das kühne Wort, das
er gesprochen: Ich will diesen Tempel niederbrechen und wieder
aufbauen in drei Tagen. Er hat ihn wieder errichtet — zwar
nicht auf dem Erdhügel Moriah im veröbeten Palästina —
sondern in den Herzen aller Nationen, die ihm Psalmen singen.
Es ist errichtet der Thron David's, von dem unser Psalm singt,
zwar nicht über den Leichen zerschmetterter Feinde, sondern
allenthalben, wo Fürsten und Völker in heiliger Demuth sich
beugen vor seinem Gesetz. Er ist wiedergekommen, den Ge-
richtstag zu halten — zwar nicht im Thale Josaphat am Bache
Kidron, sondern überall, wo sein Geist Tyrannen gestürzt,
Laster gestraft und die Tugend erhöht hat. „So lasset euch
nun weisen, ihr Könige, und lasset euch züchtigen, ihr Richter
auf Erden! Dienet dem Herrn und freuet euch mit Zittern.
Küsset den Sohn, daß er nicht zürne und ihr umkommet auf
dem Wege; denn sein Zorn wird bald entbrennen. Aber wohl
allen, die auf ihn trauen!"

„Wohl allen, die auf ihn trauen", das ist die große Verheißung des Osterfestes, die uns mit Ruhe hinausschauen läßt
in der Zeiten Sturm und Kampf, in dem endlich und zuletzt ja
doch nur das Göttliche recht behält. Ob die Guten von heute
siegen werden, das weiß ich nicht, daß aber das Gute siegen
wird, daran ist wol unter Christen kein Zweifel mehr. Und
so ist's denn ein fröhlicher Kampf, der des Sieges gewiß ist —

der Kampf für sein Reich, für Wahrheit und Recht, für Freiheit und Tugend! Denn es stehen noch heute, wie vor Jahrtausenden, die Geister dem Kämpfer helfend zur Seite, die die Propheten stärkten, wo sie ermatten wollten, die den Meister trösteten in den Stunden von Gethsemane, die seine Heiligen emportrugen über Noth und Tod. Noch weht der Sturm, der einen Elias dahintrug. Er nimmt die auf seine Fittiche, die seinem Wehen folgen, und die ihm widerstreben, schmettert er nieder, daß sie betäubt am Wege liegen. Was der Menschen Willkür mühsam baute, das zerstäubt wie Spreu, was aber geboren ist aus seinem Geist, das wird dauern für alle Zeiten. Die Welt veraltet und das Leben ermattet, aber Gottes Kraft bleibt ewig jung. Wer einen Hauch dieses Geistes in sich trägt, der wird leben, ob er gleich stürbe!

III.

Paraklet.

13

Das Leben ein Kampf.

1 Kor. 9, 24—27.

Das bekannte Gleichniß vom Wettlauf hat der Apostel von
Ephesus aus an die fünf Jahre zuvor von ihm gestiftete Gemeinde
in Korinth geschrieben. Das seinen Worten zu Grund liegende
Bild lag dem Schreiber in Ephesus ebenso nahe als den Lesern
in Korinth. In Ephesus begegnete der Apostel in und außer-
halb der Stadt zahlreichen Ringschulen und Theatern, in denen
die griechische Jugend sich übte, die Scheibe zu werfen, im
Ringkampf die Kräfte zu messen oder im Wettlauf das Ziel
zu erreichen. Korinth aber war gerade eine jener Städte, bei
denen große Kampfspiele von Zeit zu Zeit gefeiert wurden, zu
denen halb Griechenland zusammenströmte, um sich der Gewandt-
heit und Kraft seiner Jugend zu freuen. Paulus sah auf diese
Kampfspiele der Theater ohne die Abneigung seiner jüdischen
Zeitgenossen, ja es spricht eine gewisse Freude an dem Spiel
menschlicher Kraft, ein gewisses Wohlgefallen an der Uebung
natürlicher Fähigkeiten aus seinen Worten. Aber seinem frommen
Sinn, dem alles auf ein Höheres bezogen ist, wird freilich das
irdische Spiel sofort zum Gleichniß und Gegenbild eines hohen
Ernstes. Nur einen Augenblick vermag das Getriebe der Ringschule sein Auge zu fesseln, dann denkt er einer andern Schule,

die er jenseits des Meeres vor fünf Jahren gegründet hat, er
denkt des Kampfpreises, den er ausgesteckt, und der lässigen
Kämpfer, die in Zank und Streit, in Wohlleben und Sinnlich=
keit der Vorbereitung, des Wettlaufs und des Preises selbst
vergessen. An das, was er hier sieht, und an das, was sie
selbst in ihrer Heimat täglich sehen, will er seine Korinther
mahnen, um ihren gesunkenen Eifer anzuspornen.

So kommt er dazu, zu den mannichfaltigen Bildern, mit
denen die Schrift den höhern Inhalt bezeichnet, den Gott in
das Leben gelegt hat, den sie bald die Erbschaft, bald den
Schatz, bald das Pfund, bald die Perle nennt, das neue Bild
des Kleinods, des Siegeskranzes hinzuzufügen.

Sind es doch der Bilder für diese Sache nie genug, denn
auf unendlich verschiedene Weise geht dem Einzelnen der höhere
Inhalt des Lebens auf. Wie eine Erbschaft ist er dem einen
zugefallen als Mitgift eines frommen Hauses. Was man ihm
an der Wiege gesungen und in der Schule gelehrt hat, hat
ihm das Leben nur stets bestätigen können. Wie einen Schatz
im Acker hat ihn ein anderer zu seiner Ueberraschung gefunden;
wühlend in den Geschäften der Erde ist es ihm plötzlich auf=
gegangen, was des Lebens wahrer Sinn und Inhalt sei. —
Nach dem Edelsten forschend, dem Besten nachjagend, fand der
dritte die Perle, neben der jede andere Herrlichkeit verbleichen
mußte. Sein Pfund verwerthend, erkannte ein vierter, wo es
am besten wuchere, und that den Einsatz ins Himmelreich.

Aber bei dem allen ist des Lebens höchster Preis, doch
keinem nur geschenkt worden. Es war ein Erbe, das man
erwerben mußte, um es zu besitzen, eine zarte Perle, die zu
hüten war mit Furcht und Vorsicht, ein Schatz, den der Finder
heben mußte im Schweiß seines Angesichtes.

Diese saure, arbeitsvolle, mühsame Seite der Lebensaufgabe

ist es, die dem Apostel vors Auge trat, als er einen echt apostolischen Blick hineinwarf in das Treiben der Ringschule und
den Wettlauf sah und den Staub und den Schweiß und die
winkende Palme.

Daß das Christenleben ein heißer Wettkampf sei
wollte er seinen Korinthern ans Herz legen.

Ein Kampf, dem die Krone nicht fehlt. Diesen Preis
des Kampfes lasset uns zuerst ins Auge fassen.

I.

Nicht ein fruchtloses Ringen und Quälen, wie manche
finden möchten, nicht ein zweckloses Mühen und Arbeiten hat
der Allmächtige uns auferlegt, vielmehr ist die Versicherung
unsers Textes, daß das Leben in Christo seinen Preis habe;
ihren Preis die Beugung des sinnlichen Willens unter sein
Gebot, ihren Preis die stille Thätigkeit im engen Haus, die
saure Arbeit für Pflicht und Recht auf dem Markte des
Lebens.

Und was nur die andere Seite derselben Sache ist, daß
neben dem Preis auch die Strafe, neben der Krone auch die
Geißel liegt, und keiner Gottes Gebot übertreten kann, ohne
auch Schaden zu nehmen an seiner Seele. Lohn und Strafe
sind freilich geheimnißvoller, geistiger Art. Kein schreckhaftes
Zeichen wird dem Uebertreter der gezogenen Schranken an die
Stirne gebrannt, kein Lorberkranz wird dem Sieger um die
leuchtende Schläfe gewunden. Die Tugend scheint oft erniedrigt,
und gekrönt scheint das Laster. Aber wie anders liegt die
innere Welt vor dem Auge des Ewigen, der hineinsieht, und
dem Auge des Sünders, der die Strafe empfindet. Nicht Gott
allein, auch du weißt es ja, wie die ewige Gerechtigkeit dich

für deine Sünden straft und ängstet, wie sie Schläge führt,
die die Welt nicht sieht und die dich dennoch treffen, daß du
sie nimmer vergißt. Sie schickt dich in keinen Kerker, aber
dein Haus macht sie dir zur Hölle; sie überliefert dich keinem
Schergen, aber deine Kinder macht sie dir zur Geisel; sie straft
dich nicht um Geld, aber deinen Reichthum macht sie dir zur
Ruthe, und während die Welt dich preist und dich thöricht
beneidet, krümmst du dich unter jenen geistigen Schlägen, die
ganz anders schmerzen als all das Weh, dem die Menschen
Mitgefühl und Thränen der Theilnahme widmen.

Und ebenso ist's mit dem fröhlichen Siegespreis, den Gott
dem in seinen Schranken laufenden Kämpfer zum Lohne gesetzt
hat. Auch er gehört zu den Dingen des Gottesreichs, die kein
Auge gesehen und kein Ohr gehört hat und die dennoch vorhanden sind, auch wo die Welt nur Schmach und Unglück sieht.
Ein Kleinod war es und kein Phantom, nach dem die Heiligen
Gottes liefen und jagten. Auch wo ihr Leben ein heißer Kampf,
ein athemloses Ringen, ein Mishandeln und Betäuben der
eigenen Wünsche, ein Unterjochen und Zähmen ihres ganzen
Menschen war: dennoch war es da, dieses Kleinod, auch wenn
es niemand suchte in dem irdenen Scherben. Und was war dieses
Kleinod? Nennt es die Seligkeit eines guten Gewissens, nennt es
das Bewußtsein erfüllter Pflicht, nennt es die Empfindung der
göttlichen Gnade, nennt es den Frieden von oben, den Gott
verleiht: aber es war da das Kleinod, der Schatz, die Perle,
glänzend, leuchtend, wärmend war es da, und die es hatten, die
hätten die Welt nicht genommen und ihre Lust, wo man sie
ihnen dafür geboten hätte. Wollt ihr wissen, was es war?
Es war jene Seligkeit, die der erste Märtyrer unsers Glaubens
empfand, als er angesichts des Feuertodes in feuchter Kerkerzelle
den Psalm auslegte: Sehet und schmecket, wie freundlich der

Herr sei. (Pf. 34, 9.) Es war der Friede, der das Herz
versöhnt, wenn er auch die Wogen des Lebens nicht zu stillen
vermag. Jener Friede, der den flüchtigen Sohn Isai's begleitete,
als er in der Fremde schweifend und vertrieben vom häuslichen
Herd Gott pries: „Der Herr ist mein Hirte, mir wird nichts
mangeln. Und ob ich schon wanderte im finstern Thale, so
fürchte ich dennoch kein Unglück. Denn du bist bei mir. Dein
Stecken und Stab trösten mich." (Pf. 23, 1—4.) — Es ist die
Freude, Gottes Mitarbeiter zu sein, die den Kämpfer lohnt.
Jene Freude, in der Paulus frohlockte, es sei die angenehme
Zeit des Heils, während er, von Stadt zu Stadt gestoßen, von
Juden gelästert, verspottet von Griechen, nicht weiß, wohin
sein Haupt legen; in der er, vom Söldner bewacht, mit gefes=
selter Hand seinen Philippern schrieb: „Freuet euch in dem
Herrn allewege, und abermalen sage ich euch, freuet euch."
(Phil. 4, 4.) Die innere Gewißheit, deren die sich freuen,
die in Gottes Schranken laufen und nicht zügellos bald hier=
hin, bald dorthin schweifen, wohin die Leidenschaft sinnlicher
Triebe oder die Trugbilder irdischer Ziele sie locken; die Zuversicht,
die die tröstet, deren Lauf Gott begleitet; der Friede von oben,
der die heiße Stirn des Kämpfers kühlt und ihn hinaushebt
über den Wirrwarr des Lebens, ihn emporträgt über die ver=
worrenen Stimmen des Tadels und Beifalls und den wüsten
Lärm streitender Leidenschaften: das ist der Preis, um den
Christen kämpfen, das ist das Kleinod, nach dem Christen jagen,
das ist die Krone, die der Sieger empfängt.

Und etwas gar Tröstliches ist es, was der Apostel von
diesem Preise aussagt. Die in Schranken laufen, die laufen
alle, aber einer erlanget das Kleinod? Laufet nun also, daß
ihr es ergreifet! Auf irdischem Kampfplatz, da erhält einer
das Kleinod. Das ist die Art aller menschlichen Belohnung,

ihre arme, enge, sinnliche und beschränkte Art. Was du einem
gibst, mußt du dem andern versagen, immer entziehst du es
vielen, indem du es einem gewährst, und je mehreren du es
geben wolltest, um so dürftiger würde die Gabe.

Darum eben ist des Menschen irdischer Wettlauf so uner=
freulich. Darum ist so viel eitles, vergebliches Laufen und
Kämpfen, so viel Neid und Verdruß, so viel Reue und Pein.

O wie so ganz anders ist Gottes Siegespreis! „Laufet
alle, daß ihr ihn alle erringet", sagt der Apostel, denn neidlos
reicht der Alliebende allen die Gabe. Er hat für alle Sonnen=
licht übrig und Freude und Seligkeit. Der Friede, den du
erlangst, wird keinem entzogen, nein, er lagert sich um dich her
und senkt sich durch dich in der andern Herzen, nicht geringer
wird er, sondern größer, indem er sich allen mittheilt. Leuch=
tender wird die Wahrheit, indem auch andere sie erkennen, und
die Tugend fester, für die du auch andere gewinnst. Das ist
die Art der guten und vollkommenen Gabe, die von oben stammt,
vom Vater des Lichts, vom Vater der Liebe.

Und unvergänglich ist diese Gabe. Dort in der Welt
Laufbahn, da laufen sie, „daß sie eine vergängliche Krone
empfangen, wir aber eine unvergängliche". Der Fichten=
kranz, der den korinthischen Sieger krönt, wie bald ist er welk.
Der Lorberkranz selbst, der des Feldherrn Stirn schmückt, ihr
habt's erlebt, wie bald die Winde ihn entblättern. Und so ist's
mit allen irdischen Preisen, mit all den Ehrenkränzen, die die
Welt zerpflückt, wie sie sie flocht, und oft ist's, als ob sie sie
nur gäbe, um sie um so roher wieder zu entreißen. Wir aber
jagen nach einer unvergänglichen Krone, die unser eigenstes
Eigenthum bleibt, sobald wir sie erlangt. Wenn der Welt
Angriff den Frieden Gottes dir rauben könnte, dann hättest du
ihn gar nicht gehabt. Wenn ihr Zweifel dir die ewige Wahrheit

trüben könnte, dann hättest du sie nie recht erkannt. Wenn ihre Schmach die Ruhe des Gewissens dir erschüttern könnte, dann war dieses Gewissen doch nicht ganz rein. Denn unentreißbar ist das Kleinod, das der Christ im Herzen trägt, unvergänglich seine Krone. Es ist die Krone, die um die Schläfe dessen leuchtet, dem Gott einen Namen gegeben hat, der über alle Namen ist und deren Glanz auch da nicht erbleichte, als ihm die Welt eine Dornenkrone ums Haupt flecht. Hast du sie je strahlen sehen diese Krone auf der Stirne des Weisen, hast du das Kleinod glänzen sehen im Blick des Barmherzigen, wie ein Strahl, der aufgeht im liebenden Auge, wie ein Gedanke von oben, der sich lagert auf der sinnenden Stirn, dann kennst du die Krone, die der Apostel meint, und du leugnest nicht, daß dieser Preis eines Kampfes werth sei!

II.

Aber diesen Kampf selbst lasset uns nun ins Auge fassen. Es ist ein Doppeltes, was der Apostel von ihm aussagt: Ein jeglicher, der da kämpfet, enthält sich alles Dings, und er ficht ernstlich, nicht als der in die Luft streichet.

Wer da kämpfen will, enthält sich alles Dings. Das ist das Wort, das der Apostel an den Eingang der Schranken schreibt, das Wort, das so viele zurückschreckt, das den Kampfplatz leer und die Rennbahn verlassen macht. Nicht als ob das Ziel nicht lockte, wünschen wir doch alle jene ruhige Klarheit zu finden, mit der der Christ ins Leben schaut. Möchten wir doch alle den seligen Frieden und die Versöhnung empfinden, mit der der Christ sein Leiden trägt. Wünschten wir doch alle auch in unserm Leben den Liebesgeist zu verspüren, der uns in das Christen Haus begrüßt. Aber dazu, ihm ernstlich

nachzutrachten, sind wir nie gekommen. Warum? Weil wir
uns nicht alles Dings enthalten hatten, sondern uns sein gefreut
und ihm nachgejagt und es aufgesucht, wie Sinnlichkeit und
Eitelkeit uns hießen; so war die Zeit dahingerauscht und auch
kein Augenblick war übrig gewesen, einen Blick hineinzuwerfen
in das eigene Innere, ob da Ordnung, Gleichgewicht und Reinheit
herrsche, oder ob sich nicht vielmehr Staub und Spinnweb lege
über unser bestes Empfinden? Und weil wir die Unsern gelehrt
hatten, nicht alles Dings sich zu entschlagen, sondern es hoch
zu werthen, wie Weltbrauch und Weltlust und Weltangst es
werthet, sind wir zu der Frage nie gekommen, ob denn unser
Haus auf dem Grund stehe, der festhält im Unglück, ob unsere
Kinder aufwachsen in Grundsätzen, die ihnen einen Halt geben
in der Stunde der Versuchung, ob unser Leben einen Werth
habe, der ihm bleibt, auch wenn der Sturm oder der Herbst=
wind des Lebens die übrigen Flitter weiter fegt. Und weil
wir uns nicht enthielten alles Dings, sondern darüber sannen,
danach strebten, darum uns mühten, sodaß wir darüber uns
selbst vergaßen, wie hätte da die Zeit werden sollen, um der
Nächsten Leid und Lust und Lieb uns zu kümmern? Und doch
sind das nur die nächsten und leichtesten Ziele.

Wollten wir nun erst von jenen höhern Zielen reden,
die Gott den Besten zum Wettlauf ausgesteckt hat, von jenen
Siegeskränzen, die der Einzelne nicht für sich und sein Haus,
die er für sein Land, sein Volk, für die Menschheit erringt,
wie gilt da erst des Apostels Wort: Wer da kämpfen will,
enthält sich alles Dings. Ja bis alle die Dinge geschafft, alle
die Sorgen erledigt, alle die Nichtigkeiten bereinigt sind, die zum
gewöhnlichen Haushalt des Lebens gehören, ist die Kraft erschöpft
und das Leben verflossen. Wohl uns, daß es Kämpfer gab,
die sich jener Sorgen entschlugen. Denn wenn all das Ding,

das wir des Lebens Nothdurft nennen, wirklich nöthig wäre, dann hätte wol nie ein Sterblicher ein höheres Ziel erreicht.

Damit ist aber auch das andere schon berührt, was der Wettkampf des Lebens verlangt. Nicht Entsagung blos, auch saure Arbeit, nicht Enthaltsamkeit blos, auch heißes Ringen. Ich fechte also, nicht als der in die Luft streicht, sagt der Apostel, sondern ich betäube meinen Leib und zähme ihn.

Ach es sind der Kämpfer so viele, die fechten als der in die Luft streicht und murren dann, daß ihnen der Siegespreis nicht zufällt, während von einem wirklichen Kampf doch gar nicht die Rede war. Ja, wenn der Frauen Haushalt mit Sorgen und ihre Kinderstube mit Seufzen sich regierte, wenn der Männer Amt mit Träumen und ihre Arbeit mit Wünschen sich besorgte, ja dann wären sie allzumal Kämpfer, und wenn der höchste Preis des Lebens sich erträumen ließe, wären sie alle Sieger. Solcher Sieger gibt's nur zu viele, die uns die Luftstreiche ihrer Phantasie für einen heißen Kampf anrechnen möchten. Sie haben im Geist alles durchgefochten, sie haben sich emporgearbeitet in ihrer Empfindung zur reinsten Höhe der Tugend — nur im Leben hält der Traum nicht stand. Spiegel= rein in ihrer Meinung können sie nur gerade dieser Versuchung gegenüber nicht betäuben ihren Leib. Menschenfreunde nach ihrer Ueberzeugung können sie nur gerade dieser Beleidigung gegenüber nicht zurückdämmen den Zorn; milde Christen in der Theorie können sie nur gerade dieser Thorheit gegenüber nicht bemeistern den hochmüthigen Spott. Aber das Leben verlangt mehr von uns als Luftstreiche der Einbildung, es verlangt wirkliche Leistungen, wirkliche Arbeit, wirkliche Hingabe.

Die Krone der Liebe zu erringen sind tausend Opfer nöthig, die schweigend gebracht sein wollen. Es geht nicht ab ohne Kämpfe, die du in dir ausfichtst, ohne Wunden, die du dir schlägst, und diese Wunden, wenn auch die Welt sie nicht sieht, sie schmerzen nur um so mehr, weil sie nach innen bluten. Ein gleicher Kampf aber ist die Erfüllung jeder andern Pflicht, die Uebung jeder andern Tugend. Sagt doch selbst der Apostel: Ich betäube meinen Leib und zähme ihn, denn der natürliche Mensch schreit laut nach Freuden, Zerstreuung und Genuß, und sträubt sich gegen das Joch, das der Geist ihm aufzwingt. Und dieser Kampf, der sich täglich wiederholt, ist schwerer als der Kampf jener griechischen Jünglinge im Angesicht alles Volks, vor beifallrufender Menge, weil kein Zuruf dich stärkt, kein Siegeslied dich preist. Es ist ein Kampf, den du im stillen Kämmerlein ausfichtst und bist froh, wenn kein Auge zuschaut als das deines Gottes.

Zu leicht also lasset uns diesen Kampf uns nicht vorstellen, Geliebte, aber auch zu schwer nicht. Wer in Schranken läuft, läuft doch immer den besten Weg, und wer einem Ziele zustrebt, wird minder müde als alle die, die aufs Ungewisse laufen und endlich am Wege verlechzen. Seht doch all die Unglücklichen, die ihre Leidenschaften hetzen, und die dahineilen gestachelt von ihren sündigen Neigungen. Zeit und Stunde ist ihnen gleich, sie ruhen nicht am Tag und träumen davon in den Nächten. Auf bahnlosen Wegen über Dornen und Abgründe hingehetzt, jagen sie nach Zielen, die sich um so eitler erweisen, je näher man ihnen kommt. Ach nicht den zehnten Theil der Kraft würde es erfordert haben, sich ein zufriedenes und glückliches Dasein zu schaffen, als wilde Leidenschaft verbraucht und verzehrt, um sich elend zu machen! Nicht den hundertsten Theil der innern Kämpfe, die die begangene Sünde dem Sünder verur= sacht, würde es erfordert haben, um der Versuchung zu rechter Zeit zu widerstehen! Nicht den tausendsten Theil der Mühe würde es gebraucht haben, um im heimischen Kreise fröhliche

Tage zu sehen, als die Eitelkeit aufwendet, um sich immer neue
Pein, neue Demüthigung, neue Qual zu bereiten. Ach wie so
viel leichter als der hitzige Wettlauf der Leidenschaften, wie viel
seliger, wie viel fröhlicher ist der Wettkampf des Christen —
wenn nur Eines hinzukommt: die Liebe zu Gott! Denn der
Liebe Arbeit ist selbst schon Befriedigung. Sie bringt tausend
Opfer und weiß sie nicht, sie blutet aus tausend Wunden und
fühlt sie nicht, sie ringt in bitterm Kampfe und ihr ist's, als
spiele sie im Paradies. Sie ist das errungene Kleinod schon
während des Laufs, sie ist der Sieg schon während des Kampfs.
Sie ist das Leben und des Lebens Preis.

So erschrecken wir vor der Botschaft des Apostels nicht,
daß das Christenleben ein heißer Wettkampf sei. Zu schön ist
das Ziel, um den Lauf zu scheuen, und an Gottes Hand zu
fröhlich der Lauf, um zu ermüden. An ihn schließ' dich an bei
deinem Lebenslauf, seine Hand halte fest, und wenn in dunkler
Stunde es dir je scheinen wollte, als ob Mühe und Arbeit
gewisser seien als des Friedens Siegespreis, dann wirf dich an
sein Herz, er wird dich trösten. Bleib' nur getreu bis in den
Tod, so wird er dir die Krone des Lebens reichen.

———————

14.

Die Klage über die alltäglichen Sorgen des Lebens.

Sir. 18, 25.

Es gibt eine Klage, mit der sich das gute Herz gern selbst belügt, wenn es gewahr wird, daß es hinter seinen beffern Zielen zurückgeblieben ist; eine Klage, die wir alle täglich und stündlich erheben und die auch eine gewisse Berechtigung zu haben scheint. Die Klage nämlich, daß die nichtigsten und alltäglichsten Dinge die ganze Breite unsers Lebens ausfüllen und den ganzen Vorrath unserer Kraft aufbrauchen, sodaß an das Beffere nicht mehr zu denken sei, was doch allein dem Leben seinen Werth verleiht. Nicht das ist's, was uns traurig macht, daß andern Reichthum, Ehre und Glanz beschieden ward und uns ein mäßiges Glück, Niedrigkeit und saure Arbeit. Es wäre unwürdig, darüber zu klagen. Nein, wir wollten ja gern mit noch bescheidnerm Lose vorliebnehmen und noch neue und andere Arbeit auf unsere Schultern laden — wenn es nur einem Zwecke gälte, für den das Herz in der Brust auch warm zu schlagen vermag. Aber wer zählt die tausend Nichtigkeiten, die unser Leben ausmachen; wer die ganz alltäglichen Sorgen, an denen die Seele langsam verblutet? Nein, das ist uns an unserer Wiege nicht gesungen worden, daß unsere Kraft solle

verbraucht werden für diesen ganz gemeinen Haushalt des
Lebens, daß unser bestes Wesen am Gewöhnlichsten solle kleben
bleiben. Daher denn jener Mismuth, mit dem wir jeden
Morgen begrüßen und mit dem wir müde und abgespannt uns
wieder zur Ruhe legen, weil es uns oft bedünken will, als
habe der Tag auch gar nichts gebracht, was auch nur des
Aufstehens wäre werth gewesen. Wie unwürdig diese Klage
auch sei, so hat sie doch zunächst nichts gemein mit ähnlich
lautenden Ergießungen der lebenssatten Genußsucht, die nichts
mehr lockt und nichts mehr reizt, weil sie alles durchgekostet
hat und gegen alles ist stumpf geworden; sondern im Gegen=
theil unser Schmerz ist der, daß wir entsagen sollen, dem
Besten entsagen, was die Welt zu bieten schien, und dem Einzigen, was dem Leben Werth gab. Da standen dem Jünger
der Wissenschaft leuchtende Ziele vor Augen, gewaltige Ahnungen,
halbverstandene Probleme, Räthsel halb gelöst und darum doppelt
geheimnißvoll; — in ihm quillt es und gärt es; wie die Küste
eines neuentdeckten Continents sieht er's vor sich liegen. Land!
ruft's in ihm und wiederum Land! — Aber er soll den ersehnten
Strand nicht erreichen — nein, die Küste in Sicht, wird er
zurückgetrieben vom Sturm des Lebens, festgeschmiedet an die
Galeere muß er seine Kraft aufbrauchen für die Handlanger=
dienste, die sein eisernes Schicksal ihm auferlegt. Oder was
hatte der Krieger geträumt, als er der Waffen Handwerk
erlernte? In die Mannesschlacht voll zweifelhafter Entscheidung
sah er sich gestellt, wo die Wagschale des Siegs jetzt steigt,
jetzt sinkt, und das unbeständige Glück bald dem, bald jenem
lächelt; — da tritt er auf den Kampfplatz; mit todesverachtender
Hingebung wirft er sich in die Reihen der Feinde, und den
Siegespreis sah er errungen durch sein Verdienst und das theure
Vaterland gerettet — so träumte er, und welchen von all

diesen Träumen hat ihm das Leben gehalten? Welches Los
ist ihm statt dessen geworden in Wachtstuben und auf Uebungs-
plätzen? Oder was stand dem werdenden Staatsmann vor
Augen, als er in selbstverleugnendem Fleiße die Grund-
sätze des Rechts und die bunte Menge der Gewohnheiten,
Bräuche und Vorschriften erlernte? Im Sturme tobender
Leidenschaften, wo Partei gegen Partei steht, wo das Gesetz
droht, ein Spiel der Willkür zu werden, wo rohe Gewalt die
sichersten Pfeiler des gemeinen Wesens erschüttert — da wo
Tausende zweifeln und zittern und schwanken, da die Zügel der
Gewalt mit starker Hand zu ergreifen, die unbändigen Leidenschaften mit Macht zu bewältigen, den Lauf der Dinge zurück-
zuzwingen ins richtige Gleis, und nun unter dem Zubel der
geretteten Menge das stolze Amt auch im Frieden weiter zu
verwalten — das schwebte ihm vor als seines Lebens Aufgabe,
als der mögliche Inhalt seiner Zukunft. Und was ist ihm
statt dessen geworden? Handlangerdienste ganz mechanischer
Art — sodaß er die ekle Wiederkehr der Tage, daß er den
eintönigen Pulsschlag der Zeit kaum glaubt tragen zu können!
Oder wie hatte das Weib sich seine Zukunft ausgedacht? Wie
wollte sie ihr Haus weihen zu einer Stätte, da alles Schöne
und Edle eine Heimat habe, zu einem Heiligthum, das eine
zauberhafte Weihe umgäbe — und was ist aus all diesen guten
Vorsätzen geworden, aus ihr selbst geworden? Wie ist in den
alltäglichen Sorgen des Lebens ihr eigen Herz verwelkt und
verblüht? Wie ist bei dem Laufen und Markten und Scheuern
ihr eigen Empfinden verkümmert und hat sich Staub und
Spinnweb über all die Heiligthümer gelegt, denen sie eine so
hohe Stellung zugedacht hatte!

Das ist es, was wir als des Lebens Jammer unwider-
sprechlich empfinden, was wir als die gerechteste Klage meinen

dem Himmel entgegenhalten zu dürfen, und es verlohnt
sich doch zu sehen, wie weit diese Klage wirklich gerecht sei und
wie weit wir gerade ein Recht haben zu dieser Klage.

Zunächst dürfte es dabei rathsam sein, von diesen Klagen
alles das abzuziehen, was unser Hochmuth und unsere Begehr=
lichkeit hinzugethan. Ein großer Theil dieser Vorwürfe wird
sich dann von selbst erledigen. Es gibt wol kaum ein Menschen=
kind unter der Sonne, das nicht wähnt, Anspruch zu haben auf
eine ganz besondere Verwendung bei der großen Arbeit unsers
Geschlechts. Sie möchten alle den Bau lenken von hoher Stelle
her, aber die Kelle möchte keiner rühren, keiner Steine herzu=
tragen. Aber, mein lieber Christ, wo ist dir denn das an deiner
Wiege gesungen worden, daß du der Messias seist, auf den
rings die Völker warten? Wo liegt denn die Nothwendigkeit,
daß du gerade jene Wahrheit der Welt verkündigst, von der
eine dunkle Kunde in deinem Geiste nachtönt? Warum solltest du
es gerade sein, der sein Volk befreit und die Gesellschaft vom
Untergang rettet? Gegen Klagen, die solchem Wahn entspringen,
werden wir nicht Gottes Weltordnung zu vertheidigen brauchen,
sondern wir werden nur lächeln über deinen Hochmuth. Aber
freilich, deine Klage war ja nicht die, daß man dir die erste
oder zweite Stelle bei der sittlichen Arbeit unsers Volkes ver=
weigert, sondern vielmehr die, daß du gar keine Verwendung
bei derselben gefunden, sondern verbraucht würdest für die Be=
friedigung der sinnlichen Lebensnoth. Bis all die Dinge ge=
schafft sind, die zum gewöhnlichen Haushalt des Lebens gehören,
bist du so abgemattet und abgemüdet, daß es Thorheit wäre,
dir noch den innern Aufschwung zuzumuthen, den jener Antheil
an den bessern Dingen verlangt. Aber freilich, auch hierbei liegt
der größere Theil der Schuld nur an uns. Freilich, wenn
alles, was wir des Lebens Nothdurft nennen, wirklich uner=

läßlich wäre, ja dann würde wol der Menschen Kraft stets verzehrt werden in der Knechtschaft sinnlichen Bedürfens, und wir müßten wirklich bange haben für die Verwirklichung der göttlichen Bestimmung der Welt. Freilich, hätte unser Herr und Meister alles das für zum Leben nöthig erachtet, was wir für unentbehrlich halten, ich fürchte, die Welt wäre unerlöst geblieben; und hätten seine Jünger alles das an irdischen Freuden genießen wollen, was wir zu genießen für würdig und recht und nöthig halten, wahrlich die Kunde von Christus wäre verschollen in Judäa, und Christi Wirksamkeit wäre zerflossen wie die Ringe vom Kiel gezogen in des Meeres bewegter Flut! Wohl uns, daß er lächelnden Blickes sprechen konnte: die Vögel haben ihre Nester und die Füchse haben ihre Höhlen, aber des Menschen Sohn hat nicht, wohin er sein Haupt lege! Wohl uns, daß es Paulus und den Aposteln ein Triumphzug dünkte, hindurchzubringen durch Ehre und Schande, durch böse Gerüchte und gute Gerüchte, als die Verführer und doch wahrhaftig, als die Unbekannten und doch bekannt, als die Sterbenden und siehe sie leben, als die Gezüchtigten und doch nicht ertödtet, als die Traurigen und allezeit fröhlich, als die Armen aber die doch viele reich machen, als die nichts haben und doch alles haben. — Zahle den gleichen Preis, lieber Christ, so wirst du die gleiche Stellung erkaufen. Willst du wirken auf weitem und edlem Felde, so wirf all jene nichtigen Bedürfnisse hinter dich, und der Wirkungskreis wird dir nicht fehlen. Wenn es dich drängt, Apostel Gottes zu sein — fürwahr, Missionen gibt es jenseit des Meeres und diesseit, zu wirken genug in Staat und Kirche und Wissenschaft. Aber zahle den Preis — Armuth, Blöße, Jammer und Elend, und der Werth deines Lebens soll dem der Apostel wahrlich nicht nachstehen. Willst du glänzen unter den Erfindern, Weisen und Gelehrten, zahle den Preis!

Opfere den Schlaf deiner Nächte, die Ruhe des Tags, opfere
deine Gesundheit. Es gibt der Arbeit noch immer genug, wo
treuer Fleiß alles vermag. Aber freilich, in einigen Muße-
stunden hat noch keiner die Palme errungen, und wer es für
unentbehrlich erachtet, daß er Ruhe habe zu seiner Zeit und
Nahrung vollauf und Kleidung wie andere und Freuden dazu,
der darf keinen der Großen um ihre Größe beneiden. Und
wer wähnt, für sich etwas zu erlangen dort oben auf den
Höhen des Lebens, der mag nur lieber gleich bleiben, wo er
ist und wie er ist. Ein Blick auf das Leben Jesu und der
Apostel kann ihn lehren, wie der sich selbst zu sterben hat, der
jenen höchsten Zielen nachzustreben begehrt. Hunger und Blöße,
Spott und Hohn, Krankheit und Siechthum, Verbannung und
Kerker, Geisel und Hochgericht war ihr Los auf Erden; zahle
diesen Preis, so wird es auch dir an einem großen Wirkungskreis sicher nicht mangeln.

Aber all diese großen, blutigen Opfer, sie sind zwar edel
und schön, sie sind groß und göttlich — aber sie werden nicht
von dir verlangt.

Es gibt noch eine andere Wirksamkeit für die Gründung
von Recht und Ordnung als dort oben auf dem Dornenlager
der Ehre, es gibt noch andere Mittel, Licht und Wahrheit zu
fördern, als durch das langsame Marthrium der Wissenschaft,
es gibt noch andere Wege, dem Gottesreich zu dienen, als der
qualvolle Tod am Kreuze. Aber freilich, diese bestehen eben in
der stillen, unscheinbaren Thätigkeit, die dich geistverlassen und
gottentfremdet dünkt. Es ist die Thätigkeit, die jenem jüdischen
Weber, die Paulus sein Leben lang genügte und ihm dennoch Muth
und Kraft und Zeit genug übrigließ, durch sie und neben ihr
den ganzen Bau der Welt aus den Fugen zu heben. — Denn
eben durch die still bescheidene Wirksamkeit als Lehrer der

Jugend, durch die Reden in den Werkstätten seines Handwerks,
durch den Umgang mit den Niedersten und Geringsten des
Volkes hat er in zwei Welttheilen die Religion gegründet, die
sie jetzt in prangenden Reden preisen als die größte Idee, die
je durch die Welt gegangen! Aber wie arm und klein erschienen
euch wol die Sorgen und Anordnungen, mittels deren der
Apostel dieser größten Idee die Wege bereitet hat. Denn nur
in jenen seligen Momenten glaubt ihr das Herz den Segnungen
des Himmels geöffnet, in denen der ganze Mensch emporgetragen ist über all diese engen, alltäglichen, drückenden Schranken
des sinnlichen Daseins. Nun aber seht doch, ob jenes höchste
Gut des Lebens nur so kommt, wie der Blitz aus Wolkennacht
hierniederfährt und spricht: Hier bin ich! oder ob es wie die
Weisheit der Griechen gewappnet und kampfbereit emporbricht
aus des Gottes Haupt? — oder ob es nicht vielmehr langsam
und allmählich wird und wächst und sich zubereitet; ob nicht
langsam Sandkorn zu Sandkorn gereiht wird, bis endlich die
Berge versetzt sind! Das ist die Art, wie Gott zu schaffen
pflegt, und für wie erhaben ihr jene höchsten Lebenszwecke haltet,
für desto nothwendiger haltet die allmähliche, einleitende Vorbereitung dazu, wenn sie gleich nur in den alltäglichsten Sorgen
besteht. Denn dazu, daß die Menschheit hat den Erdball kennen
lernen, auf dem sie wohnt, und die Sonnen und Monde und
Fixsterne und Wandelsterne, dazu war nicht das allein nöthig,
daß die Weisen und Großen forschend eindrangen zwischen die
Gletscher des Eismeers oder in die brennenden Wüsten des
Südens, nicht die Himmelsbeobachtung allein auf den Gipfeln
der Berge oder im Dunkel der Warte — sondern nöthig war
zuvor auch dieses, daß die Kinder lernten die Laute sprechen
und die Zeichen lesen, die Feder führen und die Zahlen zählen.
Denn ohne die Breite der Bildung wird ihre Höhe nie möglich

sein — drum sei deß gewiß, was du dem Geringsten gethan hast von diesen Kleinen, das hast du dem Großen und Ganzen geleistet. Auch mit der Gründung des Gottesreichs ist es nicht anders, wo es in erster Reihe auf Tugend und Frömmigkeit ankommt. Daß jene goldene Verheißung sich erfülle und die Zeit herankomme, da kein Ungerechter mehr sein wird, nicht Hader noch Streit, nicht böse Lust und sündige Gedanken — dazu war nicht das allein nöthig, daß der Propheten Muth den lodernden Flammen der Molochsäulen trotzte; nicht das allein, daß des Herrn Leib gebrochen und sein Blut vergossen ward; nicht das allein, daß Paulus gesteinigt, gestäupt und den wilden Thieren vorgeworfen ward — sondern nöthig ist auch das, daß deine Kinder aufwachsen in Zucht und Vermahnung zum Herrn, daß sie lernen das Gute thun und das Böse meiden, die Tugend üben und das Laster hassen. Vor allem diese Wirksamkeit ist es, die Gott von uns verlangt, und geistverlassen und gottverlassen wird sie keiner heißen, der von dem einen oder dem andern auch nur einen Funken in sich trägt. Denn wenn irgendwo, so gilt hier das Wort der Schrift — was ihr im Kleinen und Geringen gethan habt, das bleibt dem Großen und Ganzen gethan. Freilich, wir wären alle geneigt, uns lieber mit einer großen That, mit einem erhabenen Opfer auszulösen und loszukaufen, um so mit einem Wurf die Krone des Lebens zu erringen. Aber mit einem Entschlusse, mit einer That hat sie noch keiner verdient. Ach wie viel leichter ist es doch, in rascher Großmuth sein Leben hinzuwerfen um eines großen Zweckes willen, oder auch nur, um einem geliebten Freund das Seine zu retten — wie so viel leichter als jene stille Entsagung zu üben, die die tausend niedrigen Pflichten und Dienste und Anstrengungen der gemeinen Wirklichkeit verlangen; wie viel leichter, ein großes Opfer zu bringen, als in dauernder Liebe und Geduld all die Schwächen und lästigen Eigenheiten der nächsten Angehörigen und Freunde zu tragen; wie viel leichter, mit der halben Welt den Kampf aufzunehmen — als die gehässigen Regungen des eigenen leidenschaftlichen Sinnes zu allen Stunden niederzuhalten und aus der Brust zu reißen!

Aber eben in dieser stillen Geschäftigkeit, eben in diesen unscheinbaren Opfern wird der höchste Preis des Lebens erreicht. Gerade die Alltäglichkeiten des Lebens sind es, in denen sich das Erhabenste, was unser Leben kennt, in denen Tugend, Glauben und Liebe sich verkünden. Eure Tugend erweiset ihr nicht, indem ihr den Giftbecher trinkt oder euch ans Kreuz schlagen laßt für eure Brüder — sondern in tausend niedrigen Dienstleistungen in der Hütte der Armuth, am Krankenbett und in der Kinderstube. Euren Glauben erweiset ihr nicht, indem ihr hinauszieht in die weite Welt, um euch Hütten zu bauen im Urwald, und wilden Völkern das Evangelium zu verkündigen, sondern in der Treue und Geduld, in der ihr eures kleinen Amtes wartet. Eure Liebe erweiset ihr nicht, indem ihr für einander sterbt, sondern in tausend kleinen Diensten, Gefälligkeiten, Rücksichtnahmen, die in der That zu geringfügig sind, als daß wir ein Weiteres von ihnen reden möchten. So sind es eben jene alltäglichen Sorgen des Lebens, es ist die geringgeschätzte Thätigkeit jedes Tags, in denen sich die höchste Aufgabe des Menschen zu verwirklichen vermag.

Drum seid denn getrost alle, die ihr euer Leben zu geringen und kleinen Diensten verbrauchet, auch sie sind für das Gottesreich geleistet. Seid getrost, wenn die kostbare Zeit des Lebens euch verrinnt und verschwindet in einer bescheidenen und geringgeschätzten Thätigkeit, die euch selbst keine Thaten im Gedächtniß zurückläßt, die der Erinnerung werth wären. Auch diese geringen

Dienste sind nöthig zum Wohle des Ganzen, auch in ihnen habt
ihr Gelegenheit, jede Tugend zu üben, jede Vollkommenheit euch
anzueignen und aus ihnen summirt sich Sandkorn für Sandkorn
ein Leben, das sich nicht durch einzelne Glanz= und Höhepunkte,
aber durch den Geist, der das Ganze durchdringt, rechtfertigt
vor dem Allgütigen. Ja lasset uns forthin zu ihm aufblicken,
dem Schöpfer und Ordner aller Dinge, der nicht nur in den
mächtigen Welten, in Sonnenkreisen und Erdenbahnen, nein auch
in der verborgenen Blüte, die unbeachtet zertreten wird, der
im Größten wie im Kleinsten, im Höchsten wie im Niedersten
seine ganze Güte, seine ganze Herrlichkeit zu offenbaren liebt.

15.

Die materielle Richtung unserer Zeit.

1 Tim. 6, 6—12.

Die sogenannten Pastoralbriefe des Neuen Testamentes bewegen sich vielfach um durchaus praktische Fragen. Sie handeln weniger von den göttlichen Voraussetzungen des religiösen Lebens, als von der menschlichen Verwirklichung desselben und zwar von der Verwirklichung auf ganz bekannten Lebensgebieten, im Ehestand, in der Kinderstube, in Handel und Wandel, Haus und Markt. Wir freilich redeten lieber über die herrlichen Ziele als über die irdischen Hindernisse des Gottesreichs, lieber von den hohen Aufgaben der Menschheit als von ihrem kläglichen Dahintenbleiben, wenn nicht wirklich wären, von denen der Text redet: „viele Versuchungen und Stricke und viele thörichte und schädliche Lüste, die versenken den Menschen ins Verderben". Aber wenn wir auch an ihnen vorbeigehen wollten, sie sind eben doch da, die tausend unwürdigen Bande, mit denen uns die Sinnlichkeit an ihr Reich gefesselt hält. Entweder sie zieht den Menschen hinab in den Schmuz der Genußsucht, um da den Stempel des himmlischen Reichs zu verwischen, mit dem er geprägt, das Ebenbild Gottes zu zerstören, nach dem er geformt ist; oder sie umgaukelt ihn mit Spiel und Tand, daß er nach Früchten jagt, die in der Hand zerfließen, oder sie

stachelt ihn nach Zielen der Ehre, nach Phantomen der Ruhm=
sucht, die ferner und ferner rücken; oder sie reizt ihn, sich mit
Schätzen zu beladen, von denen offenbar ist, daß er sie muß
dahinten lassen. Gegen alle diese Verirrungen ist schon vieles
geredet und geschrieben worden von weisen und von frommen
Männern, allein die Krankheiten kehren wieder trotz der Aerzte,
und gerade das Laster, von dem der Text handelt, das Laster
der Habsucht ist ein solches, das schon tausendfach verdammt
ist, von allen verdammt wird und das dennoch immer wieder
im Schwange geht. Was unser Text von seinen Gründen,
von seinen Folgen und von seiner Heilung sagt, das enthält
schon alles, was über Ursprung, Wirkung und Behandlung
des Uebels überhaupt zu sagen ist.

I.

Zunächst erhebt sich freilich die Frage: läßt sich dann über=
haupt von Gründen der Habsucht reden? Man pflegt ja wol
sonst zu sagen, der Geiz frage nach keinen Gründen: er habe
nicht Grund noch Zweck, sondern er raffe zusammen und spare
auf, ohne zu wissen warum und ohne zu fragen wozu? Allein
mit dieser Form der Krankheit hat es unser Text nicht zu
thun. Nicht den Geiz in diesem Sinn, nicht die Freude am
Gold um des Goldes Willen hat der Apostel im Auge, sondern
eine Habsucht, die recht wohl weiß, wozu sie haben will, die
freilich das Geld will, aber auch weiß warum! „Es ist ein
großer Gewinn", ruft in diesem Sinne unser Text, „wer gottselig
ist und lässet ihm genügen. Denn wir haben nichts in die
Welt gebracht; darum offenbar ist, wir werden auch nichts
hinausbringen. Wenn wir aber Nahrung und Kleidung haben,
so lasset uns genügen. Denn die da reich werden wollen, die

fallen in Versuchung und Stricke und viele thörichte und schädliche Lüste, welche versenken den Menschen ins Verderben.“
Ungenügsamkeit und Genußsucht sind demnach die Gründe der
Habsucht, die der Text kennt, und damit hat er von vornherein die Sache unter den richtigen Gesichtspunkt gestellt. Jene
Habsucht um des Habens, jene Geldgier um des Besitzens
willen ist es ja in der That nicht, die die sittlichen Zwecke
der Gesellschaft beeinträchtigt. Sie ist doch viel zu sehr die
vereinzelte Verirrung einsamer Naturen, die allzu schnell in
sich und außer sich ihr Gericht findet, als daß sie eine Gefahr
für das öffentliche Leben enthalten könnte. Das aber, was
dem warmen Patrioten, was dem guten Christen heutzutage
wirklich bange machen könnte für die Verwirklichung der göttlichen
Ziele an seinem Volk, das ist, daß das ganze Leben immer
mehr eine Gestalt anzunehmen droht, die alle gleichmäßig heraus-
fordert, alle Kräfte, die ganze Persönlichkeit, einzusetzen, um
Geld zu erwerben. Unserer Bedürfnisse sind es nachgerade
eine solche Menge geworden, daß wir darauf angewiesen sind,
vor allem Geld zu schaffen. Schon mit der Kinderstube beginnt
die Verwöhnung. Schon das Kind weiß, was schöner wäre,
was besser wäre, was theurer wäre, und nur allzu leicht thut
ihm eine thörichte Liebe den Willen. Die Kinderstube äfft der
alten Eitelkeit nach, die Jugend schwelgt und vergeudet, das
Alter prunkt und spreizt sich — und so sind wir dahin gelangt,
daß es im Grunde nur noch eine Sorge gibt, die, Geld zu
schaffen. Da ist keine Kraft, sie muß benutzt, da ist kein
Gedanke, er muß verwerthet werden, denn nur so sind die
Mittel zu erschwingen, um der großgezogenen Genußsucht Genüge
zu thun. Kraft ist Geld geworden, Talent ist Geld geworden,
Zeit ist Geld geworden, es muß alles gewechselt werden, denn
wo so viele Bedürfnisse sind, da hat man nie genug, man hat

stets zu wenig. Wo ist sie doch hingeschwunden, die einfache
Zeit der Väter, wo es noch möglich war, so schönen Träumen
nachzuhängen, ohne deshalb gleich den Bettelstab in Aussicht
zu haben? Wo ist sie hingekommen die Zeit der einfachen
Sitten und geringen Bedürfnisse? Die Zeit der bescheidenen
stillen Häuslichkeit, da der Hausvater und die Hausmutter im
Kreise der Kinder ihr ganzes Glück fanden? Das war die
wohlfeile Zeit und die gastfreie Zeit, die leben konnte und leben
ließ. — Jetzt aber, wo der Vater andere Wege geht und die
Mutter andere und die Kinder wieder andere: da freilich hat
jedes seine eigenen Bedürfnisse, seine eigenen Freuden und seine
eigenen Ausgaben. Was wunder, wenn es nun nirgends mehr
reichen und klappen will? Es gibt keine Freude mehr, die
nichts kostet, und mit den kostbaren hat es keine Grenzen. Es
ist auf diesem Wege kein Stillstand. Was noch gestern zu viel
war, ist heute schon zu wenig, was gestern noch neu war, ist
heute veraltet, was heute noch auffällt, ist morgen zu einfach.
Je abgestumpfter die Organe, um so theurer die Reizmittel.
Wer kann da sagen, er sei reich, wer kann sagen, er habe genug
in diesem Kreislauf der Sünde, wo stets der Anfang zum Ende
und das Ende zum Anfang wird? Der Reichthum hat erst an
Bedürfnisse gewöhnt, die Bedürfnisse machen neuen Reichthum
nöthig, der Grund ist die Folge, die Folge ist der Grund —
sind aber die öffentlichen Verhältnisse einmal hineingetrieben in
diesen Wirbel, dann steht es in keines Einzelnen Macht mehr,
dem Rad in die Speichen zu fallen. Sind wir so verwöhnt,
so entnervt, so schwach geworden, dann brauchen wir freilich
die goldene Krücke, um uns weiter zu schleppen. Was wunders,
wenn nun alle jagen und sich strecken nach Geld und genügendem
Besitz? Was wunders, wenn die Herzen verwildern und die
Leidenschaften überwuchern, da ja nicht mehr die bessern Ziele

der Tugend leuchtend vor Augen stehen, und sie nicht mehr glüht für die himmlischen Ideale, sondern alles rings ihr nur das Eine zuruft: Willst du leben, so trachte nach Geld, nach Geld und wieder nach Geld! Das ist ja das Lied, das uns bald schon an der Wiege gesungen wird. Was wunders, wenn da die Jugend die Weltangst ergreift und die Furcht, zu kurz zu kommen; daß schon sie das alles geringachtet, wofür junge Herzen sonst warm zu schlagen pflegen; daß sie nicht mehr fragt bei der Wahl des Berufs: Was ist mein Wirkungskreis, sondern: Was ist meine Bezahlung? nicht mehr fragt bei der Gründung der Familie nach Liebe und Treue, sondern nach Geld und Gut? Das ganze Leben hat sich umgestaltet zu einem großen Handel, für alles will, zu allem braucht man Geld, und umsonst ist nur noch der Tod. Solange die Dinge so liegen, meine Freunde, solang brauchen wir leider nicht weit nach Gründen der Habsucht zu suchen, sie liegen nur allzu greifbar vor unsern Augen.

II.

Welches nun die Folge dieser Verhältnisse sei, ist danach unschwer zu zeigen. Es hat sich eine Atmosphäre erzeugt, in der eine Frage auf aller Lippen liegt: Was kostet's? In der eine Schätzung ganz geläufig ward: Wieviel besitzt er? In der ein Preis vor allem gilt: Was trägt mir's ein?

Das Leben ist ein großer Markt geworden, auf dem sie rennen und jagen, schaffen und sich mühen, nicht der Brüder Wunden zu lindern, nicht die Schäden des gemeinen Wesens zu heilen, nicht das Reich Gottes auf Erden zu gründen, nein, Geld zu erwerben. Das glänzende Erz, das ist ihr Lebensbrot, das ist der Siegespreis, der schmuzig und verbraucht von

Hand zu Hand geht, von allen erstrebt, von keinem festgehalten,
bis dann die Hände selbst erstarren und das Wort der Schrift
ein Todesurtheil über ihr ganzes Leben ausspricht: Ihr habt
nichts in die Welt gebracht, daran offenbar ist, ihr werdet auch
nichts mit hinausnehmen. Ein vergeudetes Leben im einzelnen,
vergeudete Kräfte im großen, das ist das Resultat all dieses
Mühens und Schaffens. Denn der Geist kann nur das sich
eigen machen, was aus dem Geist geboren ist. Alles Irdische
spült an uns heran wie eine Welle und verrinnt wie eine
Welle, aber fassen, festhalten und gestalten können wir's nicht.
Nur was wir jenen göttlichen Zielen nachgerungen, das bleibt
dem Menschen; des Wissens Klarheit — errungen in der
mühsamen Arbeit des Denkens bei Tag und Nacht; die Stärke
des Charakters, erkämpft im Sturm des Lebens; die Reinheit
der Gesinnung, der eigenen Sündigkeit, dem heißen Blute
mühsam abgerungen — sie bleiben, wenn alles Irdische von
uns fällt wie eine Schlacke. Wir haben's nicht mitgebracht,
es bleibt dahinten.

Aber freilich, was soll für diese höhere Bestimmung übrig-
bleiben, wenn die ganze Kraft verbraucht wird für das sinnliche
Bedürfen? Darum sieht der Text in all diesen Bedürfnissen
nur schädliche und thörichte Lüste, und in dieser ganzen viel-
geschäftigen Lebensrichtung ein Uebel, „welches hat etliche ge-
lüstet und sind vom Glauben irregegangen und machen ihnen
selbst viele Schmerzen". Aber nun seht doch, wie wir auch
hier wieder an einem Punkte stehen, wo die christliche Lebens-
auffassung und die Weisheit dieser Welt nach ganz entgegen-
gesetzten Richtungen auseinandergehen. Des Apostels Wort
meint, daß es ein großer Gewinn sei sich zu begnügen, uns
aber hat man gelehrt, daß die Bedürfnisse zunehmen mit der
zunehmenden Bildung. Der Text meint, daß der Geiz sei eine

Wurzel alles Uebels, uns aber hat man gelehrt, daß der Drang
und die Noth des Erwerbs ein Haupthebel alles Fortschritts
sei. Man hat uns gerühmt dieses Rennen und Jagen nach
Besitz, das die größten Unternehmungen hervorrufe. Städte
erheben sich, Straßen entstehen, Wüsten werden bevölkert, die
Fernen sich nah gerückt und ihre Güter ausgetauscht. Keine
Kraft liegt mehr brach und keine Talent bleibt ungenützt. Und
genau hineingesehen in das Getriebe dieses Lebensmarkts, was
sind die Triebfedern: Lust nach Erwerb und Lust zu neuen
Genüssen. Ist da nicht die Weisheit unsers Textes Lügen
gestraft durch solche Thatsachen? Aber wenn man den Verfasser
unsers Briefes hinwiese auf diese Erfolge, auf prunkende Paläste
und stolze Städte, auf belebte Straßen und bevölkerte Küsten —
er würde einer solchen Zeit wie Jeremia einst dem jüdischen
Könige zurufen: Glaubst du, du regierest, weil du in Cedern=
häusern wetteiferst? Auch zwischen Kreta und Ephesus segelten
stolze Schiffe und stolzere Marmorbauten spiegelten sich in den
blauen Wellen des Aegäischen Meers, und der Lehrer der
Christenheit, dem wir diese Zeilen danken, hat dennoch gerufen:
Der Geiz ist die Wurzel alles Uebels, und hat über dem
armen, sich hastenden und quälenden Volke gerufen: Sie schaffen
sich selbst viele Schmerzen!

Und in der That hat die Geschichte ihm recht gegeben.
Die Zeiten, in denen der größte Verkehr, der größte Wohlstand,
der größte Luxus herrschte, sind nicht die, die die ewigen Ge=
danken erzeugten als Lebensbrot für kommende Geschlechter.
Die Blüte des materiellen Lebens bricht immer erst auf eine
Stunde vor Sonnenuntergang, während die großen Perioden
aller Völker auch die Zeiten der einfachen und guten Sitten
sind. Cäsareureiche freilich kann der Mammon errichten, die
sich prunkend von außen ausnehmen; aber auch nur von außen.

Willst du sie groß finden, dann darfst du nur von ihren über=
ladenen Prunkbauten reden, die die Ueppigkeit errichtet, aber
nicht von der Sünde und Schande, die im Innern schleicht;
darfst reden von den gehäuften Gütern, die der Einzelne zu=
sammenkauft, nicht von den Hunderttausenden, die der Ueber=
muth ausgenutzt und weggeworfen hat. Blendende Schöpfungen
im Reiche des Scheins sind so wol entstanden: sie hatten nur
vergessen, daß es auch Stürme gibt. Welche Dauer soll auch
eine Welt haben, die kein anderer Kitt zusammenhält? Welche
Widerstandskraft ein Staat, dessen Staatsmänner an ihre
Schätze denken, dessen Beamte um Geld feil sind, dessen Krieger
im Reichthum erschlafften? Wo nicht sittliche Kräfte das Ganze
halten und die Theile binden, da ist auch der glänzendste Schein
nur die täuschende Farbe der Verwesung, wie uns die Geschichte
unserer Tage reichlich gelehrt hat.

Treten wir aber einen Schritt weiter ins Innere, aus
dem Kreis des Staats in den der Familie, so gilt auch hier
des Textes Losung: „Sie machen ihnen selbst viele Schmerzen.“
O es sind glückliche Ehen, die der Mammon geschlossen hat,
und treffliche Familien, in denen er seinen Thron errichtet!
Der Vater zählt die Bissen der Kinder, und die Kinder die
Jahre des Vaters. Die Geschwister betrügen und bekriegen
sich um das Erbe, und all die Segnungen, die der Himmel
auf das Leben der Familie gelegt hat, sind gewichen, wo dieser
Dämon Platz genommen, denn er hat mitgebracht die sieben
andern, von denen das Evangelium redet: Misgunst und Neid,
denen der andern Glück zur eigenen Qual, Argwohn und
Angst, denen der eigene Reichthum zur Furcht und Sorge
wird, Unzufriedenheit, Haß und Begehrlichkeit, die unersättlich
nach neuer Nahrung winseln. Der Tempel Gottes, den die
Familie soll darstellen, ist allen bösen Geistern geöffnet,

die Hölle hat ihre Pein mitgebracht und ihre Strafen nicht
vergessen.

Und treten wir wieder einen Schritt näher und schauen
in das Herz des Einzelnen, in all sein Aengsten, seine Hast
und Unruhe, seinen Neid und Aerger, heißt es nicht auch hier:
„Sie machen ihnen selbst viele Schmerzen?" Sie sind ja oft genug
geschildert, die Sorgen und Plagen, mit denen der Habsüchtige
sein Geld erwirbt, die Furcht und Angst, mit der er es bewahrt,
seine Reue und sein Aerger, wo er glückliche Unternehmen
versäumt, die Qualen der Hölle, wo er unglückliche unter-
nommen, das lange Marthrium des Erwerbs und der stille
Wahnsinn heimlichen Besitzes. Und sagt nicht, daß die Rhetorik
dabei die Farben zu grell gemischt habe. Die so tief sanken,
sind freilich selten, aber wie viele sind's doch, deren Leben arm
und leer geworden ist über der Weltangst und Geldangst, die
über ihnen schwebt? Wie viele gleichen doch jenem Manne, der in
seiner Jugend ein Geldstück gefunden? Von da ab heftete er
seine Augen stets auf den Weg vor sich her und hat so im
Lauf seines Lebens allerdings eine ziemliche Anzahl verlorener
Münzen aufgelesen. Aber dabei hat er von dieser schönen
Welt nichts gesehen als den Staub und Schmuz der Gassen,
nichts von dem blauen Himmel und den grünenden Fluren,
nichts vernommen vom Sang der Vögel und dem Rauschen
der Quellen. Dem Staub hat er nachgelebt, dem Staub ist
er verfallen.

III.

Aber die Heilung — fragt unser Herz? Den Grund
des Uebels erkannt, die Folgen der Sünde eingesehen zu haben,
reicht ja nicht hin. Denn die Sünde ist nicht eine Verirrung
des Gedankens, die man berichtigt, indem man sie widerlegt,

sie ist eine Krankheit, die erkannt und unerkannt gleich verderblich wirkt. Das Heilmittel nun, das unser Text an die Hand gibt, bezieht sich auf den ganzen Menschen: „Du aber, Gottesmensch", ruft der Text, „fleuch solches, jage aber nach der Gerechtigkeit, der Gottseligkeit, dem Glauben, der Liebe, der Geduld, der Sanftmuth. Kämpfe den guten Kampf des Glaubens, ergreife das ewige Leben, dazu du auch berufen bist, und bekannt hast ein gut Bekenntniß vor vielen Zeugen." Die Mittel, die damit geboten werden, sind allerdings keine specifischen gerade für diese Sünde. Man hat wol auch solche ausgedacht, die gerade diese oder jene Ausschreitung zurückdämmen sollten, hat allerlei pädagogische Kunstgriffe ersonnen, dem verderbten Herzen doch diesen oder jenen bessern Funken zu entlocken oder wol auch die Macht der Eindrücke gehäuft, um verstimmten und schlaffen Seiten dennoch einen bestimmten Wohllaut abzugewinnen. Allein das Christenthum kennt kein solches Specificum, es heilt nicht von einer Sünde, sondern es heilt den Menschen. Denn nur so kann er genesen. Wenn auch das Leben zuweilen solche Lectionen ertheilt, daß ein Menschenkind zeitlebens zurückgeschreckt scheint von seiner Lieblingssünde, so geht es dabei, wenn das Herz leer bleibt, doch leicht, wie im Evangelium geschrieben steht: „Wenn der unsaubere Geist vom Menschen ausfährt, so durchwandert er dürre Stätten, suchet Ruhe, und findet sie nicht; so spricht er: Ich will wieder umkehren in mein Haus, daraus ich gegangen bin. Und wenn er kommt, so findet er es gekehrt und geschmückt. Dann geht er hin und nimmt sieben Geister zu sich, die ärger sind, denn er selbst; und wenn sie hineinkommen, wohnen sie da, und wird hernach mit selbigem Menschen ärger, denn es zuvor war." Darum liegt viel Lebensweisheit eben darin, daß der Text zur Heilung von dieser ganz speciellen Sünde auffordert: Jage nach der

Gerechtigkeit, der Gottseligkeit, dem Glauben, der Liebe, der Geduld, der Sanftmuth." Nur in den positiven bessern Zielen liegt die Heilung. Je mehr der Mensch mit göttlichen Gedanken sich füllt, um so entbehrlicher dünkt ihn der kleine Kram des Lebens, um so weniger denkt er an nichtigen irdischen Gewinn. Je leerer und geistig heimatloser er dagegen ein ödes Dasein hinlebt, um so wichtiger erscheinen ihm die tausend Nichtigkeiten des sinnlichen Lebens, um so sicherer hängt er sein Herz an Geld und Gut. Schon die Welt weiß von ihren großen Männern zu erzählen, daß sie weit öfter schlechte Haushälter sind als kleinliche Rechner, denn neben großen Gedanken haben kleinliche Sorgen nicht Platz. Wer aber wirklich in Jesu erkannt hat, was des Lebens Ziel und Zweck sei, und mit seinem Herzen bei Gottes Sache betheiligt ist, dem wird vieles, was sie Bedürfniß, Genuß und Freude nennen, nur Last und Hinderniß sein, und der kindischen Lust des Besitzes steht er gegenüber mit der lächelnden Ruhe des Evangeliums, das nur mit heiterer Ironie zu erzählen vermag von dem Weiblein, das das Haus umkehrt, um den Groschen zu finden, oder von dem Knechte, der das Pfund vergräbt, damit ja nichts davon verloren gehe. Er wird mit der Zeit einen Hauch jener göttlichen Sorglosigkeit verspüren, die da rufen konnte: „Was wollt ihr sorgen und sagen, was werden wir essen, was werden wir trinken, womit werden wir uns kleiden? Unser himmlischer Vater Vater weiß, daß ihr das alles bedürfet. Sehet die Vögel unter dem Himmel an, sie säen nicht, sie ernten nicht, sie sammeln nicht in die Scheunen und euer himmlischer Vater nähret sie doch. Seid ihr denn nicht viel mehr denn sie?" Oft geht ja ein Hauch dieses Geistes durch die Welt, wenn ein großer, ein frommer, ein tapferer Gedanke ein Volk ergreift. Dann sehen wir, wie auch enge Herzen sich weiten und wie auch karge

Hände sich aufthun; wie der Kaufmann, der um den Pfennig marktete, oder der Bürger, der den Groschen zu Rath hielt, hinwerfen was sie haben, weil ein großer Gedanke sie ergriffen hat, neben dem alles andere klein und nichtig erscheint. Habsüchtig sind darum immer nur die Zeiten, die große Ziele verloren haben, aber opferwillig und mittheilsam alle die, die ein großer Gedanke beherrscht. Und so darf die Kirche vor allem sich rühmen, mehr als jeder andere Kreis Apostel erzeugt zu haben, die mit Wahrheit von sich sagen durften: „Wenn wir aber Nahrung und Kleidung haben, so lassen wir uns genügen"; und Gemeinden, die auf alles verzichteten und alles gaben, nur damit Gottes Reich wachse, laufe und zunehme. Und fürwahr, sie sind dabei um nichts unglücklicher gewesen; sie haben eine Seligkeit geschmeckt, die kein Reichthum zu schaffen, und einen Frieden, den kein Gold zu kaufen vermag.

Ja, daß wir es doch endlich begriffen, daß die Gebote Gottes zu unserm Glück, die Eingebungen der Selbstsucht zu unserm Unglück führen. Was beängstet denn und beklemmt unsere Herzen, als unser Kleinmuth, unsere Habsucht, unser Ehrgeiz? Was entnervt und schwächt uns, als unsere Genußsucht, Unmäßigkeit und Sünde? Was vergiftet denn das Leben der Familien, als ihr Neid, Zank, und ihre Unverträglichkeit? Was schafft uns Gegner, Feinde, Verfolgungen, als unsere Lieblosigkeit, unser Hochmuth, unsere Härte? All das vielgestaltige Elend, das dich umlauert, das wie ein schwarzer Schatten hinter dir schreitet, du hast es selbst gezeugt, selbst großgezogen und fesselst es an deine Fersen. Ach dies Menschenherz lechzt so nach Glück, nach Friede, nach Ruhe, Freundschaft und Liebe. Was gäben wir, wenn wir sie kaufen könnten wie eine Waare. Aber was wir so schmerzlich entbehren, wie trotzig stoßen wir es von uns! Was wir so heiß erflehen — wie

unermüdlich treten wir es mit Füßen! Wir wollen Freundschaft
— und sind voll Spott und Hohn und Selbstsucht. Wir
wollen Frieden —˙ und sind voll Habsucht, Leidenschaft und
Hochmuth! Wenn denn also nichts dich bewegen mag, Gottes
Gebote zu halten — nicht ihre eigene Hoheit, nicht die Erhaben=
heit ihrer Ziele, nicht das Glück der Menschheit, nicht die
Zukunft des Reiches Gottes, so denke — denn das Sonnenlicht
bringt ja oft auch durch schmale Ritzen — denke an dein eigen
Glück, an deinen eigenen Frieden, denn was der Mensch säet,
das muß er ernten.

———

16.

Das Gute thun.

Jacobi 1, 22—27.

Die Lehre von der Rechtfertigung aus dem Glauben
allein ist vielfach misverstanden worden von den Tagen der
Apostel an bis auf diese Stunde. Kaum daß Paulus sie zuerst
gelehrt, so mußte schon Jacobus sie gegen Misdeutungen ver=
wahren, die sie erfuhr, sie vor Folgerungen sicherstellen, die
aus ihr gezogen wurden. Diese Lehre hat nämlich an sich
schon ein doppeltes Angesicht. Dem geängsteten und zerschla=
genen Herzen ist sie himmlischer Trost — dem sichern und
selbstgerechten furchtbare Drohung. Jenem verkündigt sie die
frohe Botschaft, daß Gott nicht richtet wie die Welt, die nur
fragt, ob du zu denen gehörst, die in diese oder jene Sünde
gefallen oder nicht gefallen, um dich danach entweder den an=
ständigen Leuten zuzuzählen, mit denen man Freundschaft halten
könne, oder den verworfenen, die man meiden müsse. Daß Gott
vielmehr statt der einzelnen That deine ganze Gesinnung ansieht,
und was du geirrt und was du gefehlt haben magst, dir gerne
vergibt, wenn nur ein Herz drin war, das im Irrthum und
Fehl nicht stumpf ward gegen das Gute, nicht verschlossen für
Reue und Buße. Aber diese selbe Lehre des Evangeliums ist
eine furchtbare Drohung für jene sichere Selbstgerechtigkeit, die

sich nicht für selbstsüchtig, habgierig, ungerecht hält, solang sie
nicht die Artikel des Gesetzbuches ausdrücklich übertreten, die
sich für rein und heilig achtet, solange nicht das Brandmal
der Schande ihr auf die Stirn geschrieben ist. Ihr muß es
allerdings ein Schreck sein, daß Gott nicht fragt, was hast du
gethan oder nicht gethan — sondern vielmehr, wer warst du
und wer bist du in deines Herzens Grunde? Da werden denn
freilich gepriesene Thaten zu Sünde und Schande um ihrer
Triebfedern willen, und verachtete Sünder werden gerecht um
ihrer Reue und Buße willen, und anders stehen wir vor Gottes
Thron als vor dem Urtheil der Menschen.

Aber freilich ist hier keine Rede von einem Glauben, der
die That ausschließt, sondern von dem, der sie einschließt. Die
Lehre von der Rechtfertigung aus dem Glauben — an sich so
groß und so ernst — sie wird zum Entschuldigungsgrund für
allerlei Sünde und Trägheit und Thatlosigkeit, wenn man unter
dem Glauben etwas ganz anderes versteht als der Apostel
darunter verstand, der von allen am meisten geschafft, gearbeitet
und gethan hat, obgleich er nur durch seinen Glauben wollte
gerechtfertigt werden. Ihm war der Glaube der innerste Lebens-
quell, aus dem die Thaten hervorsprudelten — denn die Flamme
muß ja leuchten und glühen, der Wind muß ja brausen und
wehen, der Fluß muß strömen, befeuchten und befruchten, der
Glaube muß schaffen und wirken und thätig sein. Aber von
diesem Glauben hat der sinnliche Mensch kein Verständniß, und
darum von der dunkeln Tiefe dieser Lehre keine Ahnung, denn
nur so erklärt es sich, daß Glaube und Leben überhaupt als
Gegensätze aufgefaßt werden konnten. Ein Glaube ohne praktische
Wirkung wäre nur ein Wissen, ein Hören, nicht ein wirklicher
Glaube. Solchen Gläubigen gilt das Wort des Jacobusbriefs:
Seit Thäter des Worts und nicht Hörer allein.

Hörer des Wortes sind wir alle. — Wir mögen die Kirche betreten oder sie meiden, wir wüßten dennoch nicht, wie wir uns diesem Worte entziehen könnten. Wem dieses Wort in den Tagen unschuldiger Kindheit ins Herz ist geprägt worden, dem wird es ewig in der Seele nachklingen, und der rauschende Lärm der Welt wird es nie ganz übertäuben, tobende Feste es nicht zum Schweigen bringen, und jede Erfahrung seines Lebens wird es ihm nur immer wieder bestätigen. Oder wem in den Tagen einer schönen warmfühlenden Jugend das heilige Bild des Erlösers vor die Seele gestellt ward, der wird es nie ganz vergessen können, es wird ihm im tiefsten Grunde der Seele schlummern, um in den Stunden des Schmerzes wieder empor-zutauchen, unheimlich für den Verworfenen, ein stiller Vorwurf für den Sünder, ein Trost für den Schwachen. Dieses Wort, das uns gesagt ist vom liebenden Vater im Himmel und dem Heiligen und Reinen, der unter uns wandelte, vergißt sich nicht, es mag dir genehm sein oder nicht. Alles um dich her erinnert dich daran. Im eigenen Hause die Kinder, die die Händchen falten, mahnen dich an die Tage, da du selbst noch reiner, noch besser, noch glücklicher warst in der Zucht dieses Wortes; die Glocken, die dich rufen zum Hause des Herrn, erinnern dich an die heiligen Stunden, als du an dem Altare standest, diesem Worte dich zu verpflichten — so selige Gedanken, so fromme Vorsätze im Herzen, die nun alle verkühlt und entschwunden sind, als wären sie nie gewesen.

Aber auch draußen in Wald und Feld kannst du dich der Gedanken nicht erwehren, die jenes Wort in dir einst wach gerufen. Wie ist da rings um dich eine ewige Harmonie und Ordnung, und du allein gehst zuchtlos und ziellos durchs Leben. Um dich rings der Geist von Gott, der alles Er-schaffene durchdringt, belebt und kräftigt, dessen mildes Wehen und Walten auch dir ans Herz bringt. Ja wohin du blickst, wohin du hörest, tritt dir seine Weisheit, seine Huld, seine Güte vor die Seele. Sein Odem weht über die Erde, und sie kleidet sich mit neuem Grün, Millionen lebendiger Keime regen sich unter der Decke, die Knospen springen, die junge Saat strebt empor, und jeder Morgen öffnet neue Blumen und neue Blütenkelche. Und überall wimmelt es von jungem Leben, rauscht im Laub, wiegt sich in den Lüften und tönt mit dem fröhlichen Sang aus dem Aether, wohin dein Auge nicht reicht. — Und du wolltest da fühllos vorbeigehen, und das Wort, das dir gesagt ist, sollte nicht aufwachen, und du wolltest nicht sprechen: „Herr, wie sind deine Werke so groß und viel, du hast sie alle weislich geordnet und deine Wunder nehmen kein Ende!" — „Ja die Himmel erzählen die Ehre Gottes und die Veste verkündigt seiner Hände Werk. Ein Tag sagt's dem andern und eine Nacht thut's kund der andern, es ist keine Sprache noch Rede, da man ihre Stimme nicht höre. Der Faden ihrer Rede reicht über die Erde und ihr Wort bis an der Welt Ende. Wo soll ich da hingehen vor deinem Geist, und wo soll ich hinfliehen vor deinem Angesicht? Führe ich gen Himmel, so bist du da. Bettete ich mir in die Hölle, siehe, so bist du auch da. Nähme ich Flügel der Morgenröthe und bliebe am äußersten Meere, so würde mich doch deine Hand daselbst führen und deine Rechte mich halten."

Und neben dieser stummen Sprache in Gottes weiter Natur die andere nachdrückliche Bestätigung in unserm Leben. Alle unsere Erfahrungen sind ja nur Belege für jenes Wort. Sie reden eine stille, aber eindringliche Sprache, die keinen Widerspruch duldet, und sagen nur immer dasselbe, was sie zu Kain sprachen: „Ist es nicht also, wenn du fromm bist, so bist du angenehm, bist du aber nicht fromm, so ruhet die Sünde vor der Thüre, und du wirst flüchtig und unstet sein auf Erden und dein Angesicht verbergen!" Mit einem Wort, wohin wir uns wenden und was wir thun mögen, immer und überall hören wir die Mahnung, daß ein Gott sei, der alles weislich geordnet; ein Gott voll Liebe und Huld, aber auch ein Gott der Heiligkeit und Gerechtigkeit — der, wie er in der Natur Ordnung und Harmonie gegründet, daß alles einträchtig ineinandergreift, sich hebt und trägt und fördert, so auch in der Welt der Freiheit Ordnung und Zucht wolle; daß er es so geordnet, daß keiner ungestraft seine Gebote verletze, daß wer sein Wort thue, Seligkeit empfange und Glück, daß wer es übertrete, unsäglich elend sei.

Wenn wir nun aber doch alle Hörer sind des göttlichen Wortes — wie kommt es, daß wir es zur Erfüllung desselben nicht bringen? Wo uns sein Gesetz der Harmonie entgegentritt in den kreisenden Gestirnen, die friedlich und sicher ihre Bahn wandeln, wo es sich offenbart in dem Leben und Weben der Natur, wo es mit Donnerworten geprebigt wird von der Geschichte, wo ein frommes Herz es in Worte gekleidet oder wo die frömmste aller Künste in Tönen es wiederklingen läßt — da werden wir weich, da fühlen wir uns so selig, so erhaben über all die Nichtigkeiten, nach denen wir eben noch jagten, so emporgehoben über all den Zank, in dem wir eben noch untergingen. Aber wenn dann die Worte des Himmels verklungen und verrauscht sind, dann gehen wir nicht hin, nun auch in unserm Leben jene selige Harmonie zu gestalten, nach dem Wort, das uns eben emportrug, nein, wir erfüllen die Sitten, Satzungen, Leidenschaften, die wir verlachen, verachten, vor denen wir zittern. Aber freilich diese Gebote der Welt zu erfüllen, das schmeichelt unserer Sinnlichkeit. Wir unterwerfen uns ihrem Zwang, aber wir kitzeln dann auch unsere Eitelkeit.

Wir bringen große Opfer, aber wir ernten süße Bewunderung.
Wir tragen die Farbe, die die Welt begehrt mit Seufzen und
Noth, aber wir werden dafür gepriesen, emporgetragen und
dünken uns groß. Jedes Gesetz, hier erfüllt, ist zugleich eine
Befriedigung unsers sinnlichen Menschen, dagegen Gottes Gesetze
sind weder so leicht, noch so anmuthig, noch so vom Beifall
begleitet. Seine Zunge im Zaum zu halten, bringt nicht so
viel Beifall als ihr den Zügel schießen zu lassen. Die Wahrheit zu reden lohnt deiner Eitelkeit minder als ihr mit Zusatz
und Aufputz nachzuhelfen. Wittwen und Waisen zu besuchen
ist kein erfreuend Geschäft für den sinnlichen Menschen. Ja
wenn die im Elend schmachten, den Helden unserer Fabeln
glichen, wenn Gottes Wort ein erhabenes Thun vor Beifall
rufender Menge verlangte! Aber das Leben ist nicht mit so
glänzenden Farben verklärt. Es verlangt schlechthin unsere
Pflicht von uns, und meist sehr gemeine und ruhmlose Pflichten.
Und so geht es denn gewöhnlich den alten Gang: Wir bewun-
dern Gottes erhabene Ordnung, aber in das eigene zuchtlose,
zerrissene Leben wissen wir sie nicht zu tragen; wir verehren
sein Gebot der Liebe, aber diesem oder jenem zu verzeihen,
dagegen sträubt sich jeder Tropfen unseres Bluts; wir sind
begeistert für die Demuth unseres Erlösers, aber uns unter den
oder jenen zu beugen, das ist unter unserer Würde; wir aner-
kennen Jesu Milde, wir preisen seine Sanftmuth, aber wehe
dem, der uns kränkt, der unser Gebot verfehlt, unsere Meinung
nicht versteht. So bleibt es denn dabei, daß wir Gottes
Gebote loben und preisen und für sie schwärmen — aber erfüllen können wir sie nicht; daß wir der Welt Gebote verspotten, verachten und verurtheilen — aber entziehen können
wir uns ihnen nicht. Und es ist heute noch der uralte Jammer
unseres Geschlechts: Das Gute, das ich will, das thue ich nicht,

sondern das Böse, das ich nicht will, das thue ich. Ich habe Lust an Gottes Gesetz nach dem inwendigen Menschen, ich sehe aber ein ander Gesetz in meinen Gliedern, das da widerstreitet dem Gesetz in meinem Gemüthe und nimmt mich gefangen in der Sünde Gesetz, das da ist in meinen Gliedern.

Und das ist das Ende all unserer Begeisterung für Gottes Wort, unserer frommen Vorsätze, unserer Wärme für sein Reich. Wir sind gleich dem Manne, der sein leiblich Angesicht im Spiegel beschauet, denn nachdem er sich beschauet hat, gehet er von Stund an davon und vergißt, wie er gestaltet war. Soll es wirklich so bleiben mit uns? Soll ein Reich des Schönen und Guten nur drüben an den Sternen hängen oder durch unsere Träume ziehen, unsere Empfindungen und Gefühle aufwühlen, aber im wirklichen Leben keine Gestalt gewinnen? Sollen wir wirklich diesen Zwiespalt mit hindurchschleppen durchs Leben, uns elend fühlen und dennoch nicht aufhören uns elend zu machen? Allerdings, meine Freunde, wird es so mit uns bleiben, solange wir die Dinge treiben, wie wir sie bis jetzt getrieben haben. Solange wir nämlich stets für Haupt=sache halten, was wir thun und nicht wie wir es thun, solange wir nur daran denken, dieses oder jenes zu erlangen und nicht wie wir es erlangen, solange wir mit einem Worte unsere ganze Kraft an das setzen, was gleichgültig ist, und zur Neben=sache machen, worauf es allein ankommt: so lange werden wir stets nur Sünde säen und Elend ernten! Statt daher jeden Morgen uns zu überlegen, wie kommen wir diesem oder jenem Amte, dieser oder jener Belohnung, diesem oder jenem Gewinne, diesem oder jenem Vergnügen oder Fest näher, wollen wir uns nur das vornehmen: was wir auch thun mögen, thun wir alles zur Ehre Gottes. Denn vor Gott ist nicht dieses groß oder jenes klein, sondern alles wird nur danach geschätzt, ob es mehr

ober minder im Geiste Gottes gethan war. So sei denn das
unser einzig Streben, daß jede Handlung den Stempel seines
Geistes trage, und wir selbst zumeist. Daß wir selbst uns
bilden und besser werden, statt daß die bessere Hälfte unseres
Wesens und unserer Kraft kleben bleibe an den tausend Nichtigkeiten, die uns zu erarbeiten unser höchstes Ziel schien. So
allein kann es dahin kommen, daß sein Gesetz zum Gesetz in
uns werde, dann haben wir hindurchgeschaut in das vollkommene
Gesetz der Freiheit. Denn ein Gesetz der Freiheit regiert in
dem Thun des Gerechten! Wie die Wasser, du brauchst nicht
Schleusen noch Dämme, sich stets von selbst in ihre Höhe zu
stellen streben; wie der Stein, du brauchst ihn nicht zu werfen,
von selbst stets dem Mittelpunkte der Erde zustrebt — so ist
die That des Gerechten frei und dennoch nach dem Gesetze
Gottes. Das Gesetz ist seine Freiheit, und seine Freiheit ist
im Gesetz. Der hat sich erhoben über den Misklang des Lebens.
Derselbige wird selig sein in seiner That!

17.

Wodurch kann das Christenthum zum Band des Friedens werden?

Eph. 4, 1—6.

Unsere Religion hat sich in die Welt eingeführt mit dem Versprechen, der zwiespältigen Menschheit Eintracht, dem zerrissenen und zerspaltenen Geschlecht Frieden zu bringen. Ehre sei Gott in der Höhe und Friede auf Erden, den Menschen ein Wohlgefallen, das war der erste Gruß, den die neue Religion der kampfesmüden Welt entgegenbrachte. Daß sie Liebe untereinander haben, sollte das Merkmal ihrer Jünger, Friede und Einheit, Sanftmuth und Liebe sollten ihre einzigen Früchte sein. Wenn wir nun aber heute fragen, wie hat die Christenheit die Aufgabe erfüllt, die ihr Glaube ihr setzte, so fällt unser trüber Blick zur Erde und wir gestehen, daß die Weltgeschichte die Menschheit gerichtet hat. Kaum sind die letzten Worte des Herrn am Kreuze verhallt, kaum ist der Pfingststurm der ersten Begeisterung verbraust, so beginnt das Murren der Hellenen gegen die Hebräer, das Eifern der Pharisäer gegen die Brüder aus den Heiden, da rufen die einen: ich bin paulisch, die andern: ich bin petrisch, und wieder andere: ich bin apollisch oder ich bin christisch! Sollen wir

12*

den Gang der Geschichte noch weiter verfolgen? Er würde uns vorbeiführen an Schlachtfeldern und Brandstätten, an Scheiterhaufen und Schaffoten, ein Hohn für jene himmlischen Heerscharen, die einst verkündeten: Friede auf Erden, den Menschen ein Wohlgefallen! Gewiß, wir könnten die Frage wagen, wo, wohin das Christenthum drang, wurde nicht gekämpft von den Tagen Konstantin's bis zu den Tagen Luther's, in welchem Land, von Christen bewohnt oder einst besessen, wären nicht Wahlstätten genug, geröthet vom Blut, Denkmale genug, vor denen wir erröthen? Könnte nicht das Christenthum sich auf der andern Seite berufen auf seine stillwirkende Macht in den Gemüthern, auf den Frieden, den es der einzelnen Seele gespendet, auf den Balsam, der es für wunde Herzen geworden, auf stille Plätze, Schmerzenslager, Grabhügel, Trauerstuben — die diesen Frieden schmeckten, den die Welt nicht kennt und nicht die Weltgeschichte, wir wüßten nicht, warum der Herr gesprochen: Meinen Frieden lasse ich euch. Bedenklich, schmerzlich bleibt es aber immer, daß, was den Frieden des einzelnen Herzens macht, auf der andern Seite den Menschen entzweit mit seinem Bruder, Gemeinschaft mit Gemeinschaft, Volk mit Volk. Was die stürmischen Wogen der einzelnen Seele schwichtigt, muß das der Sturm sein, der die Nationen aufwühlt? Was die Wunden des einzelnen Herzens heilt, muß das das Schwert sein, das hundert neue Wunden schlägt? Der Apostel, dessen Worte wir verlesen, ist nicht dieser Ansicht. Seid fleißig zu halten die Einigkeit im Geist durch das Band des Friedens! ruft er der Christenheit zu, und allen jenen Erfahrungen zum Trotz zeigt unser Text, wie gerade die Religion ein Band des Friedens, ein Mittel der Einigung werden solle. So legt der Apostel uns selbst die Frage in den Mund: Wie kann das Christenthum zum Band des Friedens werden? Durch den einen Glauben,

durch die eine Taufe, durch den einen Gott — ist die Antwort des Textes.

I.

Zunächst erscheint es dem Apostel selbstverständlich, daß der
eine Glaube nur ein Band des Friedens sein könne. Wie sollte
auch das Bewußtsein gemeinsamer Ueberzeugungen, gemeinsamer
Aufgaben, gemeinsamer Hoffnungen die Menschen einander nicht
näher bringen? Die sinnliche Natur stellt die Einzelnen und
ihre Interessen sich feindlich gegenüber, der Kampf ums Dasein
macht den einen zum Gegner des andern, und das Leben ist
geschäftig, eine Scheidewand nach der andern zu bauen, die
die Einzelnen trennt und ganze Stände und Parteien. Der
Glaube aber an die gemeinsame Aufgabe der Menschheit, an
das Gottesreich, das alle umfassen soll, die Erkenntniß der
Sünde, unter die alle verkauft sind, der Glaube an den Einen,
durch den alle erlöst sind, er muß zusammenführen, was zuvor
sich kalt und fremd gegenüberstand. Wenn nun aber dennoch
der Glaube so oft zum Vorwand nicht des Friedens, sondern
des Kampfes wurde, so sagt nur nicht, daß daran der Glaube
schuld sei! Sagt nur nicht, daß der Glaube seiner Natur nach
rechthaberisch, unduldsam sei und kampflustig! Der wahre
Glaube, der Glaube Jesu war Liebe für alle, für Abraham's
Kinder und für die Kinder der Heiden; der Paulusglaube war
den Juden ein Jude, den Griechen ein Grieche, er brachte nicht
das Schwert, er brachte den Frieden. Erst ein entartetes
Geschlecht hat die Rede aufgebracht, daß der Mensch in dem
Grad unduldsam sei, in dem er fest in seiner Ueberzeugung.
Die Unduldsamkeit ist aber gar nicht eine Folge der Ueberzeu-
gung, nicht ein Ausfluß des Glaubens, sondern ein Fehler des
Charakters. Darum ist es thöricht zu sagen, ein fester Glaube

sei auch schroff, ausschließend, unduldsam. Genau das Entgegen-
gesetzte findet statt. Intolerant sind weit öfter die verworrenen
Gemüther, die sich jetzt für dieses und dann wieder für jenes
begeistern und in ihrer fliegenden Hitze verlangen, daß alle
Welt für das glühe, wofür sie heute entbrannt sind. Wer
dagegen einen festen Stand den Dingen gegenüber genommen
hat, wer selbst etwas davon gefühlt hat, wie gewaltig, ursprünglich und überwältigend die Wirkung des göttlichen Geistes auf
den menschlichen ist, der wird auch am ersten einer fremden
Ueberzeugung gerecht werden, denn er hat es an sich selbst
erfahren, daß man eine Ueberzeugung nicht willkürlich wählt,
sondern daß sie uns aufgenöthigt wird von Gott, der den
Menschen von Anfang an so und nicht anders gesetzt hat, vom
Leben, das den Charakter so und nicht anders geprägt hat.
Wahrhaft intolerant sind darum weit öfter die Leute mit
wechselnden Ansichten als die Männer von fester Ueberzeugung.
Der Glaube ist duldsam, unduldsam ist die Laune. Denn nur
der vermag mild und heiter das Spiel des Lebens anzuschauen,
der einen sichern Schatz im Busen trägt. Darum meint nicht,
wo ihr von Glaubenseifer hört, daß der Eifer aus dem Glauben
stamme. Das sündige Herz wählt freilich am liebsten die
glänzendsten Aushängeschilder, um seine Zwecke um so sicherer zu
erreichen, es betrügt sich gern selbst mit den heiligsten Namen,
statt sich die Gelüste seines Ehrgeizes, seiner Sinnlichkeit ein-
zugestehen. Aber die Heiligthümer des Glaubens haben ihrer
Natur nach nichts zu schaffen mit dem Lärm der Leidenschaften.
Wo die Perlen des innern Lebens hinausgeschüttet werden auf
die Gasse zum Zankapfel für eine rohe Menge, wo die Religion
zur Keule gemacht wird, um den Gegner zu erschlagen, dem
man anders nicht beikommen kann, wo das schmetternde Gerede
von Freiheit, Wahrheit und Licht nur dazu erschallt, um das

jauchzende Echo der Maſſen zu wecken, da hat es ſich noch nie um den Glauben gehandelt, ſondern um das eigene Ich, die eigene Herrlichkeit, den eigenen Einfluß. Sind darum vielleicht die gehäſſigſten Thaten vollbracht worden im Namen des Glaubens, ſo wollt dafür nicht den Glauben verantwortlich machen. Die Verbitterung der Gemüther, die Wuth der Parteien, die Eiferſucht der Nationen hätte dieſelben Thaten vollbracht auch unter andern Namen. Denn die Namen ſind nicht die Gründe der Dinge und die treibenden Kräfte nie die, die die Herolde der Parteien vor ihnen ausrufen. Ach es iſt ſo ſchwer, das Getriebe des Lebens richtig zu würdigen. — Am Webſtuhl der Zeit webt ſich gar verſchiedenes Geſpinſte. Viel ſchmuziges Gewebe ſchnöder, gemeiner Leidenſchaft, Selbſtſucht und Sünde, von Anfang an ein übel verworrener Knäuel, Fleiſch vom Fleiſch geboren und behaftet mit dem Fluch ſeines Urſprungs, gleichviel welche Namen das Geſpinſte auch trage, welchem Zweck es dienſtbar ſei. Aber am ſelben Webſtuhl der Zeit wirkt der ewige, unſterbliche Geiſt ſein göttliches Werk aus Liebe und Frieden, aus Sanftmuth und Unſchuld, aus Einfalt und Glauben zum Gewande der Gottheit, zum Saum ihres Kleides. Nicht was ihr zu weben und zu wirken vorgebt, nicht wie ihr das Gewebe der gläubigen Menge, Kindern und Thoren anpreiſt, wofür ihr es ausſchreit, entſcheidet darum über den Werth eurer Arbeit, vielmehr ſeht zu, was ihr ſinnt, wonach ihr greift, was ihr webt, von welcher Spule die Fäden laufen — das entſcheidet, ob ihr der Gottheit lebendiges Kleid wirkt oder Flitter eurer eigenen Eitelkeit.

Darum werden wir die Arbeit des Glaubens nicht da beſtaunen, wo Lärm und Pomp die Menge anlockt, wo hohe Worte von feilen Lippen tönen, um die Leidenſchaft von Raſenden zu entflammen — dort iſt Ehrgeiz, Eiferſucht, Sünde, mit

dem Fluche Kain's behaftet, friedlos und unstet zu sein auf
Erden, zu trennen, zu zerreißen, zu zerstören. Der wahre
Glaube dagegen hat stets geeint, er hat aus Völkern, die sich
fremd gegenüberstanden, eine Familie geschaffen, die dießseit
und jenseit der Berge, die jenseit und dießseit der Meere,
trotz verschiedener Interessen, trotz entgegengesetzter Neigun=
gen, trotz widereinanderlaufender Bestrebungen, geeinigt ist im
Gefühl einer gemeinsamen Aufgabe, eines gemeinsamen Ziels,
einer gemeinsamen Zukunft. Und diese einigende Kraft des
Glaubens hat auch heute nicht aufgehört. Sanftmuth und
Demuth, Nachsicht und Duldsamkeit wird dir auch heute noch
in dem Maß leichter werden, in dem du wirklich und wahr=
haft dein Herz erfüllt hast mit wahrem Glauben. Je größer
dein Eifer und deine Willigkeit ist, aus der Erde einen Garten
Gottes zu schaffen, um so freudiger wirst du die begrüßen, die
von einer andern Seite her dasselbe Werk in Angriff nehmen,
um so leichter wirst du einsehen, daß hinter den trennenden
Wegen ein gemeinsames Ziel liege. — Ja selbst da, wo du
um deiner Ueberzeugung willen widerstehen, vielleicht kämpfen
mußt, wird dir gerade dein fester Glaube an den endlichen
Sieg des Guten, dein fester Glaube an eine göttliche Leitung
der Dinge die Bitterkeit nehmen, und wird auch an dir das
Wort sich bestätigen: Christen streiten als stritten sie nicht.

II.

Der zweite Grund, den der Apostel für die Erhaltung
der Glaubenseinheit und des Friedens geltend macht, hat, wie
wir nicht leugnen, stärker zu den Gemüthern seiner Zeitgenossen
gesprochen als zu den unsern. Seid fleißig zu halten die
Einigkeit im Geist durch das Band des Friedens, schreibt er

seinen Lesern, denn es ist eine Taufe. Der kleinen Zahl
der damals auf Christus Getauften, der die Masse der Unge=
tauften, eine feindliche Heidenwelt, gegenüberstand, mußte eine
solche Berufung auf die eine Taufe eine stärkere Mahnung
zum kirchlichen Frieden sein als den Menschen von heute, die
alle getauft sind und dazu ohne ihr Zuthun. Die Stunde,
in der der Kämmerer von Mohrenland seinem Reisegefährten
sagte: Siehe, hier ist Wasser, was hindert's, daß ich mich
taufen lasse, der Tag, an dem der Kerkermeister von Philippi
die Knie beugte vor seinen Gefangenen und sich taufen ließ
und sein Haus, sie redeten mit einer stärkern Sprache zu den
Herzen der Getauften als die Taufe, die die heutige Mensch=
heit empfängt, die nicht durch freie Wahl, sondern von Haus
aus eine christliche ist.

Sollte darum der Name Christen, den alle durch die
Taufe erhielten, ganz aufgehört haben, eine Mahnung zum
Frieden, zur Einheit zu sein? Sollten nur noch mächtig und
stark sein die Namen, die der Trennung dienen, die die Schei=
dung bezeichnen, und ohnmächtig der, der über alle Namen ist?
Du bist ein Christ, das bedeutete nichts, aber du bist petrisch,
du bist paulisch, das macht dich zum Bruder des einen und
zum Gegner des andern? Leider es ist so. Die eine Taufe
hat ihre Bedeutung als Band des Friedens verloren, dafür ist
es eine wundersame, eine fast magische Wirkung, die die Taufe
übt, die die Parteien spenden. Namen, die an sich nichts
Gutes und nichts Böses bedeuten, sie empfehlen oder sie ver=
urtheilen, sie erwärmen das Herz oder erkälten es mit eisigem
Hauch, sie ebnen den Weg oder sie verschließen die Thüren.
Daß alle in einer Taufe dem Herrn dargebracht wurden, daß
derselbe Liebesruf über aller Wiege ertönte, daß derselbe Same
des göttlichen Wortes in der andern Herzen gefallen ist und

doch auch an ihnen nicht ganz vergeblich gewesen sein kann, das soll nichts bedeuten? Aber andere Namen erfinden sie, Namen durch welche alles gleichsam mit einem Wort abgethan und verurtheilt ist. Du bist paulisch, du bist petrisch, du bist apollisch, d. h. du bist ein Abtrünniger, ein schlechter Christ, ein schädlicher Bürger, kurz ein Mensch, mit dem sich nur eine höchst zweifelhafte Gemeinschaft halten läßt. Was unter diesen Parteien der Einzelne will, wie viel der Mensch und sein Streben für sich werth sei, danach wird nicht mehr gefragt, davon wird nirgends geredet. Der Name, erfunden und ausgesprochen, mit Ungeduld dem Nächsten und Besten angehängt, er hat alles entschieden. Sei rein wie Schnee, sei fest wie Fels — du bist verurtheilt, weil du paulisch oder petrisch bist. Aber fürwahr, so schnell läßt es sich mit dem Menschen nicht zu Ende kommen — er hat noch einen andern Werth und Inhalt als den, den die leere Formel des Parteinamens ausspricht. Er hat noch einen andern Namen: er ist ein Christ. Er ist so gut wie du aufgewachsen unter Obhut des heiligen Geistes. Auch seine Seele ward ausgeschmückt mit den Vorbildern der Heiligen und Apostel; auch sein Ohr vernahm die Worte des Heils und der Wahrheit; auch in seine Seele fiel ein Strahl des himmlischen Lichts, denn es ist eine Taufe. Eine Taufe, durch die ihr alle aufgenommen wurdet in den Bund der Gnade, den Jesus gestiftet hat, und du würdest diesen Bund lästern, wenn du meintest, seine Segnungen seien nur an dir und den Deinen kräftig gewesen. Gibt es einen Namen, der dir Pflichten und Rücksichten auferlegt, gibt es einen Namen, der eine Empfehlung ist für den Träger, so ist es der, auf den ihr alle getauft seid, und ehe du fragst, ob einer petrisch oder paulisch sei, frage du erst, ist er ein Christ? Dann, meine Freunde, wird auch heute noch des Apostels

Mahnung sich fruchtbar erweisen: „Seid fleißig zu halten die Einigkeit im Geist, denn es ist eine Taufe."

III.

Den tiefsten Grund freilich, warum wir Frieden zu halten haben, hat der Apostel erst in letzte Reihe gestellt. „Es ist ein Gott und Vater unser aller, der da ist über euch alle, und durch euch alle, und in euch allen." Das ist ja schließlich der letzte Grund für alles religiöse Handeln, daß es stattfindet vor dem Angesichte Gottes; und daß dieser Gott der Gott aller ist, ein Gott ist, wurde stets als Mahnung zum Frieden verstanden. Wir glauben all an einen Gott, das ist von jeher die Losung derer gewesen, die Religionen und Confessionen, Parteien und Spaltungen zu versöhnen trachteten. Und wer heute in überfrommem Eifer diese Rede flach und gewöhnlich nennen wollte, der lasse sich bedeuten, daß sie unserm Texte entstammt, wo sie der Apostel des nähern ausführt.

Es ist ein Gott und Vater unser aller, ruft er den Männern des Streites zu, und weist damit hin auf die ewige Liebe über uns, die uns trägt mit all unsern Schwächen und Fehlern, die den Wirrwarr des Lebens schaut und ihn mit Güte schlichtet, die uns mit Langmuth duldet und durch Langmuth zur Besserung leitet.

Wem aber der Hinweis auf diese Vaterliebe nicht Mahnung genug sein sollte zum Frieden, den erinnert der Apostel, daß auch ein Gott ist über uns allen, das heißt ein Richter und Herr der Menschen. Sein Auge kennt unser Inneres, und alle unsere sündigen Neigungen und Fehltritte und Sünden sind ihm offenbar. Wer will da den Nächsten verdammen, zurück- stoßen, über ihn absprechen, wer will den Stein aufheben wider

seinen Bruder? Muß nicht das harte Wort verstummen auf
der Lippe, muß nicht die erhobene Hand beschämt daniedersinken, muß nicht das hochmüthige Angesicht erröthend sich
beugen bei dem Gedanken, es lebt ein Gott, der dein Inneres
kennt sammt all den geheimen Gründen seiner Strenge und
seines Eifers, sammt allen Zielen seiner Kampflust und seiner
Streitsucht? O wie viele Schlachten blieben ungeschlagen,
wie viel Streit bliebe ungestritten, wenn die Kämpfer ihr Herz
zuerst vor Gott stellten und deß gedächten, es ist ein Gott
über euch alle!

Doch an sein erstes Wort weist der Apostel dieses andere:
Es ist ein Gott auch durch euch alle! Damit aber, Geliebte,
werden wir daran gemahnt, daß wir auch noch in anderer Beziehung Gott verantwortlich sind! Er will sein durch uns;
er hat uns zu Werkzeugen seines Willens auserkoren, daß wir
seinen weisen Absichten dienen sollen. Zur höchsten Würde,
zur Stellvertretung Gottes auf Erden ist der Mensch berufen.
Wer wollte die Mahnung zur Einigkeit verkennen, die auch
darin liegt? Schwer ist es ja, was Gott uns auferlegt, groß,
was er uns anvertraut. Wollt ihr diese Erde umgestalten
zum Garten Gottes, diese Einrichtungen zu Anstalten Gottes,
diese Menschheit zu Kindern Gottes, die Welt zum Reiche Gottes,
so müßt ihr einig sein! Wollt ihr etwas vermögen gegen die
Härte der uns entgegenstehenden Natur, wollt ihr die bebauten
Felder schützen vor den verheerenden Elementen, wollt ihr die
gärenden und brausenden Kräfte euch dienstbar machen und
im Sturmesflug einherfahren über Länder und Meere, so
müssen hunderttausend Arme zusammenwirken und bahnen und
schaffen nach einem Plan, in einer Art und zu einem Ziele.
Nicht anders aber ist's in der geistigen Welt. Wie die Erde
kann auch die Menschheit nur urbar gemacht werden durch

gemeinsames Wirken. In Eintracht müssen wir die Arbeit aufnehmen, wo die Väter sie gelassen, neidlos müssen wir sie den Spätern übergeben, wenn unsere Sehnen erschlaffen, und vertrauen vor allem müssen wir den Mitarbeitern, soll es vorwärts gehen mit der gemeinsamen Aufgabe, und nicht zurück.

Dieses Vertrauen aber kann nur der finden, der das letzte Wort des Apostels begreift: Gott ist in euch allen. Wie verschieden ihr seid, wie verschieden ihr euch fühlt, es ist dennoch Gott, der in euch allen lebt. Er selbst hat euch so gewollt, hat dem einen einen leichten Sinn gegeben, dem andern den grübelnden Verstand, dem andern den hitzigen Entschluß und wieder andern die langsame Bedächtigkeit. Er hat die Unterschiede geschaffen in Stand und Bildung, in Charakter und Anlage. In diesem Reichthum wollte er die ganze Fülle seiner Herrlichkeit und Liebe offenbaren, und du wolltest diese gottgewollten Unterschiede zum Anlaß nehmen von Haber und Streit? Wolltest den Bruder hassen, weil er bedächtig zergliedert, was dich feurig entflammt, oder weil er zaghaft leugnet, was dir leuchtend vor der Seele steht? So wisse, daß Gott ist in euch allen. Er braucht euch alle so und nicht anders, langsam und schnell, kalt und feurig, zu niedrigem Dienst und hohem Ziel, zur Handreichung und zur Vollendung. Darum wenn du auch draußen mancherlei Räder sich drehen siehst und die Fäden bald so, bald anders laufen, wenn du einreißen siehst, wo du meinst, es müsse gebaut werden, und bauen, wo du meinst, da dürfe nichts hinkommen — so glaube nur nicht, sofort dreinfahren zu müssen, sondern denke, es ist ein Gott, der da ist über euch allen, durch euch alle und in euch allen!

Den einen Glauben, die eine Taufe, den einen Gott hat der Apostel seiner Gemeinde als Mahnung zum Frieden ans Herz gelegt, und fort und fort gilt diese Mahnung auch

der heutigen Christenheit. Ach Geliebte, es ist des Geredes
so viel von der ernsten Zeit, in der wir leben! Es sind der
Rufenden so viele, daß es jetzt gelte einzustehen, um alte Zinnen
zu brechen oder zu vertheidigen! Es ist des Klagens kein
Ende, daß der Ernst der Sache uns scheide und die Pflicht der
Wahrheit! Sollte darüber wirklich der Gedanke an das ver=
loren gehen, was alle eint, an den einen Gott, an die eine
Taufe, so würde sich das kommende Geschlecht wahrlich unserer
Arbeit nicht zu freuen haben.

Arbeite darum jeder, wie es ihm recht dünkt vor dem
Richter, der über ihm, und dem Gott, der in ihm ist, aber
vergesse keiner, daß Gott ist durch uns alle und nicht einer
allein die Wahrheit hat. Dann werden wir Friedenssamen
ausstreuen, aus dem die liebliche Saat des Friedens empor=
sproßt, dann sind wir fleißig zu halten die Einigkeit im Geist
durch das Band des Friedens.

Druck von F. A. Brockhaus in Leipzig.